Salhia Brakhlia

ESSENTIELLES

ANNE FLEURY[1] ***Clara Brichant***[2] **BÉNÉDICTE WEISSBARTH**[3] ***Anaïs Brunet***[4] **SHÉHÉRAZADE**[5] ***Pascale Girard***[6] **CATHERINE MORANA**[7] ***Corinne Godin***[8] **MICHAELA MÜLLER**[9] **—** ***Marie Papet***[10] **ÉLISE YAMANI**[11] ***Lucie Goutte***[12] **ÉLODIE LAVY**[13]

1. Éboueure (*Paris*) - 2. Psychiatre (*Paris*) - 3. Caissière (*Gacé*) - 4. Professeure (*Évreux*) 5. Surveillante pénitentiaire (*Hauts-de-Seine*) - 6. Libraire ambulante (*St-Laurent-du-Pape*) 7. Commandante de police (*Marseille*) - 8. Auxiliaire de vie (*Iteuil*) - 9. Chercheuse (*Paris*) - 10. Bénévole aux Restos du Cœur (*Fleury-les-Aubrais*) - 11. Juge d'Instruction (*Lyon*) - 12. Thanatopractrice (*Rouen*) - 13. Agricultrice (*Fay-aux-Loges*)

À ***ma mère***,
l'essentielle.

Merci à ***Paul Plumet***,
pour son aide précieuse.

ISBN : 978-2-493-86515-1

Ce livre est issu de l'émission *Essentielles* diffusée à l'été 2023 sur © franceinfo.

SOMMAIRE

AVANT-PROPOS

Nous, les femmes, on morfle. Toutes les statistiques, toutes les analyses, sont en notre défaveur : une femme, aujourd'hui, gagne en moyenne toujours 15% de moins qu'un homme... Une femme enceinte, une fois qu'elle a accouché, ne retrouve pas toujours son poste, tandis qu'un homme, lui, après être devenu père, est considéré comme plus responsable et se verra parfois même proposer une promotion. En France, les femmes représentent moins de 30% des dirigeants d'entreprises.

Qui peut sauver une société qui déraille ? Les libraires : non essentiels. Les soignants : essentiels, mais avec un manque criant de moyens. Infirmières, soignantes, aides à domicile, caissières, enseignantes, ces métiers de « première ligne », reconnus comme essentiels donc, sont pour la plupart des métiers féminins.

Chaque matin, à 8 h 30 sur franceinfo, je reçois des personnalités connues pendant une demi-heure – des ministres, des députés, des sénateurs, des grands patrons. Je me suis posé la question de l'utilité de leur métier rapportée à la place médiatique qu'ils occupent, alors que les femmes qui exercent des métiers essentiels ont beau être accessibles – ce sont nos mères, nos sœurs, nos cousines, nos amies, nos voisines – on ne les voit pas, on ne les entend pas ou trop peu dans les médias. Elles sont prises dans leur quotidien, ne demandent pas la parole et n'y songeraient même pas, si elles avaient le temps. « Ah bon ? », « Pourquoi ? », « Ah, c'est sympa ! »... Toutes ont été étonnées et nous ont posé la question de l'intérêt de notre démarche vers elles.

Corinne l'auxiliaire de vie, je la rencontre en vacances, Anaïs la prof, en soirée années 1980 chez une amie commune. La thanatopractrice, c'est une copine d'un collègue de chez franceinfo, Clara la psy est l'une des élèves de natation synchronisée de Jade, la petite amie de Paul Plumet, mon collaborateur... Il n'y a que l'agricultrice et la libraire (oui, nous estimons qu'elle est essentielle) qu'on repère dans la presse locale. C'est parti pour des heures de train et un paquet de sandwichs triangles. Paul et moi, on s'extrait de notre studio parisien, ça fait du bien. Souvent, elles viennent nous chercher à la gare parce qu'elles sont serviables. Certaines m'ont dit : « J'ai compris que je faisais un métier essentiel quand vous m'avez appelée. »

À la fin des entretiens, le doute : « Mais vous êtes sûre que c'est intéressant, ce que je raconte ? »... Être invisibles, ça ne les met pas en colère, elles font des métiers tournés vers les autres. Elles ont un rapport plutôt pudique à leur vie professionnelle, à leur accomplissement du quotidien, même si elles sont fières de leurs choix.

Moi, j'ai d'abord admiré leurs métiers pour ce qu'ils représentent, pour leur utilité. Puis je les ai admirées, elles, personnellement, lorsqu'elles se sont confiées sur leurs parcours. Ces femmes racontent l'exercice de métiers prenants, éreintants, le plus souvent mal rémunérés, sans jamais émettre une seule plainte. Elles ne craquent pas. Pour elles, ce qu'elles font est normal. Elles disent juste : « Si je ne le fais pas, qui va le faire ? »

Leur discours m'a mis la pression, et m'a replacée, moi, face à ma profession de journaliste : « Est-ce que je fais bien mon travail ? »... « Est-ce que mes interviews le matin permettent aux auditeurs de se forger leurs propres opinions ? »...
Bref, la question que l'on se pose tous à un moment ou à un autre : « Est-ce que je suis utile ? »
Elles, c'est sûr, elles le sont, utiles... pour ne pas dire ESSENTIELLES.

CORINNE GODIN
Auxiliaire de vie

J'ai rencontré Corinne dans le désert de Jordanie, en février, lors d'un voyage organisé qu'elle et sa fille se sont offert. Au cours d'un repas, elle m'a glissé qu'entre son agenda, celui de sa fille infirmière et le budget qu'un tel voyage représente, c'était pour elles une parenthèse rare et importante. Corinne est auxiliaire de vie. C'est un travail drainant, physique, total – et malheureusement mal rémunéré. Un métier de femmes – à 95%, selon l'Insee –, où l'on doit respecter l'intimité de chacun tout en lui lavant les fesses, où il faut écouter sans perdre patience et sans trop s'émouvoir, quelles que soient les situations délicates, la cadence infernale, les réticences des patients…

Dans la maison d'accueil spécialisée pour adultes polyhandicapés et autistes sévères, près de Poitiers, où Corinne m'accueille quelque temps plus tard, fini les grands espaces : on se déplace pour passer du lit au fauteuil roulant. C'est l'heure du repas et tout le monde est rassemblé autour de la table. Il y a Anita, Pierre, Olivier, Philippe, Jacky, Jérôme… Chacun est dans sa bulle, et en même temps il plane une forme d'harmonie. Peut-être parce que tout est minuté ? Ici, chaque heure sonne une nouvelle étape du quotidien, et on ne joue pas les prolongations. C'est intense et physique, mais Corinne se sent bien : elle dispose enfin des moyens nécessaires pour s'occuper comme il faut des seize résidents de son couloir.

Ce métier d'auxiliaire de vie, Corinne l'a choisi parce qu'elle l'aime. Pendant plus de vingt ans, il ne le lui a pas rendu. Avant, elle travaillait au contact des personnes âgées, à domicile et dans des EHPAD. Suite aux nombreux scandales de maltraitance qui ont secoué ces structures, elle a vécu les restrictions budgétaires, le manque d'effectifs, le harcèlement. Jusqu'à ce que cela devienne insoutenable et qu'elle choisisse de partir. Corinne est très forte, mais, lorsqu'elle évoque ce qu'elle a enduré, il suffit de quelques mots pour que l'on comprenne…

Entretien

Bonjour, Corinne, merci de nous accueillir sur votre lieu de travail. Nous sommes dans une maison d'accueil spécialisée pour adultes polyhandicapés et autistes sévères. Et vous, vous êtes auxiliaire de vie. C'est quoi, être auxiliaire de vie ? C'est quoi, votre journée type ?

Première chose, déjà, on va voir s'ils sont tous réveillés. Ou s'ils respirent.

Qu'ils respirent, carrément ?!

Oui, on va voir. Quand on est du matin, on est plutôt concentrés sur les aides à la toilette. Alors on les stimule aussi pour certains, pour qu'ils gardent leur autonomie le plus longtemps possible, que ça soit pas nous qui faisons. Parce que notre métier c'est d'aider, pas de faire à leur place. Et ils ont tous leur chambre individuelle. Ils ont tous leur univers à eux. Et après on commence à faire les petits déjeuners. Et on les réveille chacun leur tour, ils viennent pour le petit déjeuner. Après les petits déjeuners, on commence les toilettes. Ici on commence par Jacky. On l'emmène dans la salle de bain.

On est trop atteint.

Jacky, c'est le monsieur en fauteuil, là ?

Oui, Jacky il a plein d'arthrose partout, donc on y va en douceur. On explique tous les gestes. Ça, c'est le plus important et déjà, il faut qu'il ait confiance en nous.

Faut déjà qu'il ait confiance en nous, c'est la première chose. Et expliquer tout ce qu'on fait. Les moindres gestes, il faut tout expliquer. Surtout quand on arrive dans les parties intimes.

Moi, je sais que je préviens : « Attention, attention, Jacky, je fais ton sexe. Attention, je te retourne, je vais au niveau du... fessier. » Donc voilà, tout, tout ce que je fais, je lui dis.

Comment on fait pour créer de la proximité avec eux ? Parce qu'il faut qu'ils aient confiance en vous.

Je vais prendre un exemple qui est intéressant. Jérôme, j'ai eu du mal au début. Parce qu'il avait pas confiance en moi pour ses transferts. Les transferts de son lit à son fauteuil, des choses comme ça. Aujourd'hui, j'ai plus de soucis. Je lui ai montré mes gestes, je l'ai mis en confiance, j'ai discuté avec lui, et c'est passé.

Ici ce sont des adultes polyhandicapés. Ça veut dire qu'ils ont un handicap moteur et un handicap mental aussi.

Ils ont les deux.

C'est quoi, le plus compliqué ?

Ceux qui parlent pas. Savoir ce qu'ils ressentent, ce qu'ils ont, c'est plus compliqué, ça.

Comment créer la communication avec eux ? Comment ça se passe ?

À travers les gestes. Tous les gestes. Et dans le regard. Alors, l'avantage qu'on a, c'est qu'il y en a quand même qui communiquent. Par exemple, sur l'autre unité, Orchidée, c'est des non-verbaux. On n'en a qu'une dedans qui parle. Donc là ça parle par le regard, par les massages.

Non. Pas du tout. Non, c'est fini. J'ai appris. On apprend.

Au début, c'était pas comme ça ?

Ah non. C'est toute la journée, on y pense. Est-ce qu'on a bien fait les gestes ? Est-ce que ça va ? Est-ce que ceci ? Est-ce que cela ? Est-ce que, est-ce qu'on n'a rien oublié ? Est-ce que… Voilà. Tout ça, tout ça on sait. Est-ce que j'ai bien fait mon travail jusqu'au bout ?
Aujourd'hui, non, je le fais plus.

> ***« Moi, je me lève le matin, je suis heureuse de partir travailler. »***

Accompagner des personnes en situation de handicap tous les jours, c'est pas anodin. Est-ce que vous gardez toujours le moral ?

Ben, on n'a pas le choix. (Pause.) En fin de compte, enfin, moi personnellement – je parle que pour moi – on peut pas être tout le temps dans l'empathie parce que sinon on peut plus travailler. Parce que si on est trop dans la… Parce que si on est trop dans l'émotionnel, on peut plus donner. On est trop atteint, donc on peut plus rien donner. Donc on est obligé de se faire une carapace, moi j'ai mis une carapace, je suis obligée. Je ferme.
Pour pas que ça m'atteigne davantage. Par exemple, je sors d'ici, c'est fini. Je suis sortie de là.

Quand vous rentrez chez vous le soir, vous repensez pas à eux ?

Est-ce que parfois vous vous posez et vous vous dites « C'est trop dur » ?

Non. Jamais. Jamais. Jamais de doute. Dans mon métier ah non, j'en ai pas. Moi, je me lève le matin, je suis heureuse de partir travailler.

Là, je vois les résidents… Anita, par exemple, elle a quel âge ?

Anita, soixante, euh, soixante-deux ans, Anita, je crois, c'est ça ? (Elle demande à quelqu'un.) Ouais c'est ça, soixante-deux ans.

Quel regard vous avez sur eux ?

Je vois juste la différence, c'est qu'ils ont besoin de moi. C'est tout. Mais y a pas de différence entre nous. Il ont juste besoin de plus d'aide que moi. C'est ce regard-là que j'ai sur eux.

Avant d'accompagner les personnes polyhandicapées ici, vous faisiez quoi, Corinne ?

J'étais auxiliaire de vie sociale pendant dix-sept ans à domicile pour les personnes âgées.

Et alors c'est plus ou moins difficile qu'ici, ou pas ?

C'est plus difficile qu'ici.

Pourquoi ?

Là, à domicile, on rentre dans leur intimité, encore plus. On rentre chez eux.

Pourtant, de l'extérieur, on a davantage tendance à se dire : « Bah, plus les personnes âgées restent chez elles, mieux c'est... »

Ça, c'est de la théorie. C'est pas la même chose en pratique. Enfin moi je sais que j'ai passé dix-sept ans, j'y retournerai pas. Moi, c'est fini.

On a beaucoup entendu parler de maltraitance ces derniers mois dans les EHPAD...

C'est ça, mais sans qu'on fasse exprès. C'est qu'on nous donne pas les moyens de travailler. Quand on a seize résidents, qu'on est toutes seules dans notre couloir et qu'on commence à 7 heures, et à 11 h 30 il faut qu'ils soient tous descendus en bas au réfectoire, mais comment on fait ? Eh bien, on fait du VMC.

C'est quoi, du VMC ?

Visage, main, cul.

« Visage, main, cul » ? C'est quoi ?

C'est tout, les trucs qu'on voit. Le visage, les mains et puis les parties intimes, c'est tout.

On ne lave que ça ?

Oui. Parce qu'on n'a pas le temps. (Pause.) On n'a pas le temps de le faire ! Même à domicile, hein, on n'a pas le temps. On nous donne trente minutes. On nous donne pas de moyens, on nous donne rien. Et même à domicile, c'est pareil. Je me souviens d'un cas à Naintré, une petite dame qui avait besoin d'aide. Je n'avais que trente minutes pour faire sa toilette, son petit déjeuner et la mettre en fauteuil. Ça va trop vite, on a pas le temps. (Elle s'adresse à une résidente) Bon, tu viens, Anita ? Tu viens, ma belle ?

C'est l'heure de manger, là ?

C'est l'heure de manger.
Tu vas à table, là ? Philippe ? Oui, viens. Viens avec moi.

Quand vous étiez auxiliaire de vie à domicile pour les personnes âgées, j'imagine que votre rôle à ce moment-là était différent de celui d'ici ?

Ah ça n'a rien à voir. Mais là, on rentre plus dans l'intimité de la personne âgée. Alors j'arrive chez un monsieur, deux mètres dix, cent trente kilos. Il m'ouvre la porte, je fais « Ah ! ». En fin de compte, un homme extraordinaire, qui venait de perdre sa femme. Une fois, j'avais fait sa salle de bains à fond, tout ça, parce que sa femme était décédée. Donc j'avais enlevé plein de choses de sa femme, comme ça, pour l'aider un petit peu.
Puis je reviens le vendredi d'après, sa fille était là. Il avait les larmes aux yeux. Je dis : « Qu'est-ce qui se passe ? », lui : « Il faut

que je te parle ! » J'ai pensé : « Oh là là ! Qu'est-ce que j'ai fait ? » Il m'a dit : « Tu sais que j'étais heureux quand je suis rentré dans la salle de bains. J'ai cru que ma femme était là. C'était tellement beau, et tellement bien rangé. Je te remercie. » Dans ce cas je me dis : voilà, mon travail est fait. On est des psychologues, au fond. (Rires.)

C'est surtout ça en fait quand on va à domicile ?

C'est 80 % de notre travail. 20 %, c'est juste faire le ménage. Le ménage, c'est l'excuse pour rentrer. Parce que c'est des personnes qui sont seules, elles ne voient que nous. Pour la plupart d'entre eux, ils ne voient que nous dans la journée.

Est-ce qu'il y a une anecdote qui vous revient en tête sur cette période-là de votre vie ?

Une dame qui est décédée dans mes bras. Quatre-vingt-huit ans, peut-être. Dans mes bras.

Et comment vous l'avez vécu, ça ?

J'étais là pour m'occuper d'elle. Puis paf. Elle est morte. J'ai appelé sa fille et voilà. Après, ce n'est pas facile. On sort de la maison, on pleure parce que quand même, c'est une personne qui est décédée. Alors, on pleure, mais après on nous donne quelque temps pour qu'on se remette et puis on repart travailler. On n'a pas de suivi derrière, parce qu'on n'a pas les moyens d'avoir des suivis derrière. Toujours pareil.

Pendant dix-sept ans, vous avez accompagné des personnes âgées en étant auxiliaire de vie. Vous passiez chez elles, à domicile. Pourquoi avez-vous arrêté d'un coup ?

J'ai été agressée... sexuellement par une personne âgée. Enfin quand je suis arrivée chez lui, il a essayé de m'embrasser, il a baissé son pantalon, enfin voilà. Il avait un passé où déjà il faisait ça. Sauf que ma direction ne m'avait pas prévenue. Ça va très loin. Le choc de ma vie. Je suis arrivée dans ma voiture, je tremblais de partout. J'ai bloqué les portières, pour plus qu'on me... J'étais choquée. Quand j'ai vu mon médecin, il m'a dit : « Madame Godin, ça devait arriver parce que de toute façon il a été agressif avec plusieurs personnes... » Sauf qu'on nous prévient pas. On nous envoie comme ça.

C'était un monsieur qui avait perdu la tête ?

Non, non, du tout. Qui buvait. Voilà. Je me suis dit : « Je ne vais pas le bousculer, des choses comme ça, ça va me retomber dessus. La famille va porter plainte contre moi et tout ça... » Je voulais juste sortir de l'appartement, m'en aller. Je voulais juste faire ça, partir.

Et à partir de ce jour-là, vous vous êtes dit : « Moi, les personnes âgées, c'est fini. »

Fini. Terminé pour moi. Fini. J'irai plus. (Pause, puis elle s'adresse à un résident) Là, y a du monde, hein, là ?

Résident : Ouais.

Bonjour ! Moi, c'est Salhia... Vous me montrez votre dessin ? C'est un dessin pour qui ?

Résident : Pour toi.

Pour moi ? C'est gentil, merci beaucoup. Vous voulez me l'offrir ? C'est trop gentil,

merci.

(Pause, puis à Corinne) **Ce métier d'auxiliaire de vie, il faut l'aimer pour le faire ? Sinon on abandonne vite ?**

Oui. Sinon, ce n'est pas la peine. Si on n'aime pas les gens, qu'on n'aime pas ce qu'on fait, il ne faut pas le faire, ce métier. Il ne faut pas le faire, c'est trop dur.

Est-ce que vous avez l'impression, vous, d'être assez reconnue dans votre travail ?

Non, on n'est pas reconnues du tout. Les gens pensent qu'on fait les courses, qu'on fait le ménage et qu'on récure. Non, ce n'est pas ça, une auxiliaire de vie sociale. Parce que nous, on fait 80 % de psychologie. C'est ça notre travail. Par exemple, il y a une dame dont je n'arrivais pas à laver les jambes. Il m'a fallu sixmois parce qu'elle ne voulait pas. À un moment, j'ai réussi, mais avec diplomatie, après discussion, à lui faire comprendre que j'étais là pour son bien. C'est tout ça. C'est toute la psychologie qu'il y a derrière.

La valorisation, elle passe aussi par la rémunération…

Oui, ah bah ça c'est sûr. (Rires.)

Et alors ça donne quoi, chez vous ?

Euh… Maintenant oui, je suis bien. Parce que j'ai des années derrière. Mais sinon, le SMIC, si on a de la chance. Le SMIC avec deux week-ends par mois.

Travaillés ?

Oui. Alors moi, maintenant, puisque j'ai presque vingt ans de pratique, donc je suis mieux payée que celle qui va commencer. Mais les premières qui arrivent, elles ont le SMIC avec deux week-ends travaillés, c'est tout. Ça fait 1 000… allez 1 200, 1 300 net. Non, ce n'est pas assez. Comment on peut vivre comme ça ?

Est-ce que vous avez conscience que ce que vous faites dans la vie, Corinne, depuis plusieurs années maintenant, c'est essentiel pour la société ?

(Rires.) Je sais pas moi, c'est naturel. J'ai du mal avec ces questions. (Rires.)

Vous ne vous en rendez pas compte, en fait ?

Non. (Rires.) Bah non c'est naturel, hein. Je sais pas, j'aime ce que je fais. Je comprends pas ces questions parce que pour moi c'est naturel. Je suis dans mon truc. Moi, j'ai choisi ce que je fais.

Merci beaucoup, Corinne !

ESSENTIELLES

Corinne Godin

LUCIE GOUTTE
Thanatopractrice

Avant de rencontrer Lucie, je suis terrifiée. Cet entretien, c'est une épreuve. Je n'ai jamais vu un mort et je me dis que si c'est un enfant qui se trouve dans la pièce avec elle je n'entrerai pas. Lucie, à l'inverse, côtoie peu de vivants au travail. Elle est thanatopractrice et c'est elle, à vingt-huit ans à peine, qui apporte les derniers soins aux défunts. Sur la table du funérarium, Daniel, soixante-seize ans, mort à l'hôpital. Elle s'en occupe avec une grande délicatesse : « Pardon, monsieur », s'excuse-t-elle lorsqu'elle le bouscule légèrement. Son attention est sans failles.

Lucie prend soin des morts, et des vivants aussi : à chaque nouvelle étape, elle me prévient afin que je puisse décider de sortir de la salle si je pense que l'acte me sera insoutenable. Sa mission ? Vider Daniel de son sang, de ses fluides biologiques, et lui offrir, en quelque sorte, sa dernière routine beauté : des habits propres, un petit coup de parfum… Quand il s'agit d'accidentés ou de suicidés, il faut aller plus loin encore, il faut maquiller la souffrance, ou du moins en rendre les traces plus supportables pour les proches. Au fil du processus, elle me montre ses instruments, énumère leurs fonctions. Tout cet attirail, elle le conserve dans sa camionnette qui l'emmène d'hôpital en hôpital, de funérarium en funérarium, de maison de retraite en maison de retraite…

Le tête-à-tête avec la mort, c'est son quotidien. Pour autant, elle s'agace de la fascination morbide d'une frange du grand public, qui ne s'intéresse à son métier que par voyeurisme, elle déteste cette idée. Elle souhaite qu'on comprenne ce qu'elle fait, qu'on ne s'attarde pas sur l'état du mort. Pour elle, apporter les derniers soins, ça fait partie de la vie.

Entretien

Bonjour, Lucie.

Bonjour, Salhia.

On va passer la journée avec vous. Alors vous n'avez pas de bureau, pas de cabinet, mais une petite camionnette.

Un petit partenaire qui fait office de bureau, voilà.

Et ce qui va se passer, c'est qu'on va multiplier les arrêts aujourd'hui dans les funérariums parce que votre emploi du temps est chargé. Comment vous vous organisez ?

En fait, mon patron m'envoie les rendez-vous par textos. Je pars directement de chez moi tous les matins en direction de mon premier rendez-vous. Et ensuite on se déplace comme ça, au fur et à mesure de la journée, de funérarium en funérarium, d'hôpital en hôpital, de maison de retraite en maison de retraite.

Vous vous occupez de combien de défunts par jour ?

C'est très variable. Je vais préparer deux à cinq personnes par jour.

C'est combien de temps par personne ?

Alors on prévoit une moyenne d'une heure et demie pour un soin, une demi-heure pour une toilette, mais encore une fois c'est très variable. Ça dépend de l'état des personnes. Pour une personne senior et une personne accidentée, on va pas forcément mettre le même temps, quoi.

Là on va arriver au funérarium, je ne vous cache pas que je suis un peu stressée…

Je vois ça. (Rires.)

Je n'ai jamais vu de morts de ma vie, moi. Je le dis clairement, je ne sais pas si je vais savoir supporter.

Vous savez, moi mon métier me dérange pas parce que la souffrance, elle est terminée. Je pourrais pas être gendarme ou pompier et arriver sur une scène d'accident et voir des gens en grande souffrance, en grande détresse. C'est ça qui est dur en fait, c'est le contexte, c'est de voir la souffrance des gens. Nous, on a la partie peut-être la plus facile parce que la souffrance est terminée. Il faut juste, entre guillemets, qu'on supporte de voir une personne décédée. (Lucie se gare. Arrivée au funérarium.)

La souffrance, elle est terminée.

Le stress commence à monter, là. Ouais.

C'est une personne normale… Simplement elle ne vit plus.

On est où, là ?

Dans le laboratoire. Chez les Pompes funèbres. Là où on va faire… Dans la pièce où on va préparer les défunts.

Ce bruit qu'on entend, c'est quoi ?

C'est le bruit du moteur des cellules réfrigérées. Ce qu'on appelle les frigos, vulgairement.

C'est là-dedans qu'il y a les corps ?

Voilà. C'est ici qu'il y a les corps.
Vous êtes prête ?

C'est vraiment comme dans les frigos traditionnels, quoi, il y a des étages et il y a des humains à la place des aliments.

C'est ça.

On a son prénom sur la housse… Il s'appelle Daniel.

On met le prénom sur la housse, et il y a toujours, c'est obligatoire, pour chaque défunt, un bracelet d'identification comme dans les hôpitaux. Pour des raisons évidentes, pour ne pas se tromper.

Vous connaissez son âge, à Daniel ?

Non. Là je connais juste son nom, son prénom, c'est tout. J'ai pas la cause du décès, j'ai pas l'âge. J'ai zéro information, à part son nom et la date des obsèques.

Vous êtes venue avec du maquillage, différents outils, différents produits…

Tout ça c'est du maquillage. Un peu pour la coiffure. Des crèmes, un peu de parfum, du savon, tous nos instruments, des pansements, du fil, toutes sortes de produits. Après, on a nos bocaux pour la partie soins. Ça c'est pas agréable, vous allez voir…

Votre rôle à vous, c'est de préparer les défunts avant la cérémonie funéraire pour qu'ils soient les plus présentables possible. Comment vous vous y prenez ? Y a t'il différents soins ?

On fait deux types de prestation. On fait soit toilette, soit soin. À chaque fois dans tous les cas, c'est la famille qui choisit. Nous on n'impose rien et il y a rien d'obligatoire. Donc, pour la toilette, ça va surtout être un habillage, la toilette du corps, on va fermer les yeux, la bouche, coiffer. Le soin, ce sont tous les actes qui vont participer à la conservation du corps. Donc l'injection de formol, le drainage des fluides biologiques, tout ça…

Ça sent fort, là.

Ça va, ça sent un peu.

Il y a toujours cette odeur ?

Moi je me suis habituée, mais là ça va, hein.

Ah ouais ? C'est irrespirable, là.

Ah bon ?

Ouais, ouais, ouais. C'est une odeur qui prend… Y a des gaz ? Il a le ventre gonflé, le monsieur ?

Ouais. Ça devait être une toilette et finalement on a conseillé à la famille de plutôt faire un soin, et la famille a accepté parce qu'on leur a dit que voilà c'était quand même beaucoup mieux, avec soin. On aurait eu du mal à présenter la personne dans de bonnes conditions à la famille, sinon.

Ce qu'il faut savoir c'est que quand on meurt le corps se relâche totalement, c'est toute l'apparence qui est modifiée. Là, Monsieur a la bouche ouverte aussi…

C'est ça ! Généralement, on ne meurt pas naturellement les yeux fermés, la bouche fermée. Ça peut, mais c'est très rare.

La bouche, là, par exemple, vous allez la refermer ?

On va la refermer, on va désinfecter, on va nettoyer, et ensuite on va refermer, pareil pour les yeux.

La partie soin, aussi, c'est ne pas laisser de sang dans le corps ?

L'idée, c'est de récupérer le plus de liquide biologique possible. Plus on va en retirer, et plus on va le remplacer par du formol, mieux ce sera. Pour conserver le corps le plus longtemps possible tout simplement.

Ça veut dire que vous allez inciser là…

Bientôt, ouais, je vais vous prévenir. Ça, ce sera la prochaine étape, mais on va d'abord venir mettre des petites coquilles sur les yeux pour garder le galbe. Parce qu'en fait pour l'instant, sur Monsieur ça se voit pas, mais les yeux peuvent vraiment être creusés. Ça fait comme un ballon dégonflé. Et malgré le soin, ça va continuer de se creuser au fur et à mesure des jours, ce qui est très choquant. Ça donne vraiment un aspect qui n'est pas agréable, du coup on va mettre des petites coquilles à la fin pour être sûr…

Sous les paupières ?

Exactement….
Alors là je vous préviens… ça va pas être agréable mais il va falloir que je commence tout de suite par retirer les gaz. Donc je vais faire une incision là, et je vais venir aspirer avec mon tube de ponction…

Pour faire dégonfler le ventre.

Voilà. Il faut d'abord dégonfler avant d'injecter. Parce que là, mon corps est déjà en pression. Si je rajoute encore du formol ça va être de trop, donc ça risque de…

Je sors deux secondes, là.

(Pause.)
Je vous présente la carotide. Par laquelle on va injecter le formol. Donc j'espère que Monsieur a un bon système artériel et veineux.

Vous massez sa main ?!

On masse, oui, parce que, vous voyez, il est un petit peu violacé au bout des doigts. En fait, il faut démobiliser le sang, il faut le faire, il faut appuyer un petit peu pour qu'il soit mobile. Ah bah là, regardez, on voit bien.

Ah oui. On voit que le formol passe dans les veines…
Quand ce sont des personnes qui sont décédées dans un accident, j'imagine que le travail est plus compliqué. Quand ils arrivent un peu plus amochés qu'une mort naturelle.

Là, ça peut prendre des heures. Alors après c'est des techniques beaucoup plus spécifiques. Dans ces cas-là, faut essayer de faire de la reconstruction, des choses comme ça. Là ça va vraiment être un travail plus esthétique que de conservation.

Comment on reconstitue un visage par exemple, quand il a été amoché pendant un accident ?

Ça dépend des blessures, des plaies, de ce

ESSENTIELLES

Lucie Goutte

> **“ *C'est jamais agréable pour nous, ça va jamais être facile, on passe jamais un bon moment.* ”**

qu'il y aura à reconstruire. En tout cas, la dernière couche ça va être de la cire. Y a plein de solutions qui existent, je crois qu'il y en a qui font ça avec du polystyrène, on va mettre des fils de fer et on va essayer de venir combler… c'est horrible à dire, mais un peu comme une technique de béton coulé. On va mettre des tiges de fer et après on va venir combler avec une matière.

Daniel a soixante-seize ans. J'ai été moins choquée que prévu. Parce que dans ma tête, je me dis que c'est dans l'ordre des choses. C'est une personne âgée. Est-ce que pour vous le plus dur ce sont les enfants ?

Oui, oui, pour tout le monde. Pour tous ceux qui travaillent dans le milieu, ce sont les enfants, les accidents, les suicides. C'est là où ça va être le plus dur pour nous. Heureusement ça reste… Bon les accidents, les suicides, c'est quand même assez fréquent, malheureusement…

Donc vous avez pris l'habitude ?

On a pris l'habitude, mais ça fait toujours… ça nous met toujours pas bien à chaque fois, hein. C'est jamais agréable pour nous, ça va jamais être facile, on passe jamais un bon moment. Je pense que même des thanatos en fin de carrière, ça reste toujours un peu difficile…

Les enfants, vous en avez déjà fait ?

Une fois. J'ai de la chance ! Je suis contente de pas en avoir eu plus que ça. Mais celui-là il m'a marquée, je sais que je vais m'en souvenir à vie ! C'était un enfant de quatre ans qui s'est noyé, c'est compliqué. J'ai croisé la famille, j'ai entendu leurs pleurs. Les pleurs sont pas les mêmes en fonction du type de décès. Entre les pleurs parce qu'on a perdu sa grand-mère et ceux suite à la perte d'un enfant, la différence fait mal à entendre. Donc là forcément oui. Et là ce qui m'a fait bizarre aussi c'est de pouvoir porter le corps à bout de bras en fait. Ça pour moi, c'était pas naturel parce que voilà on en fait tellement peu et… non c'est jamais agréable, ça nous fait toujours quelque chose.

Est-ce qu'il y a des corps que vous n'oublierez jamais ?

Oui, grosso modo les corps que j'ai vus pendant la période Covid. Je trouve qu'on n'en a pas beaucoup parlé dans les médias mais en fait il y a eu énormément, énormément de suicides pendant cette période, et c'était des suicides comme on a pas l'habitude de voir, si je puis dire… Ça m'a traumatisée parce qu'on voyait que les gens avaient pété un câble. Littéralement ils ont pété un câble, et la violence qu'ils se sont infligée à eux-mêmes, ça franchement ça m'a marquée. J'en ai eu énormément pendant la période Covid. Ils se sont infligé

des douleurs, franchement.
On s'habitue au visu en fait mais c'est les histoires, c'est les sensations, c'est les bruits, c'est le contexte qui marquent. Moi, avant de travailler, je connaissais pas les gens qui étaient décédés quand je voyais un bouquet de fleurs le long de la route. Je passais devant, je me disais : « Ah bah, mince, quelqu'un s'est tué là », mais bon. Là quand je passe dans la région et que je vois des bouquets de fleurs, je sais que c'est moi qui me suis occupée des personnes. Je me suis occupée de deux personnes qui sont décédées dans cet accident, qui étaient dans un état lamentable. On a vu la famille, on a vu, et là, je peux vous dire que c'est dur, quoi. Enfin voilà, juste de voir le bouquet, j'ai encore la sensation des os brisés entre mes mains, de tout ce que j'ai dû refaire, des odeurs, pareil des pleurs des familles. En fait, c'est ces petites choses-là qui font que ces morts peuvent être un peu dures à digérer.

Donc là vous lavez Daniel, vous lui avez mis une couche, aussi.

Voilà, j'ai remis une couche propre. Là on a les sous-vêtements, chemise, cravate, et veste de costume…

Tout ça est fourni par la famille ?

Tout ça fourni, voilà, c'est la famille qui choisit.

Il est élégant, là, hein !

Il va être tout beau, ouais.

Et là il est habillé comme pour les grandes occasions.

Oui, je trouve que c'est une tendance qui se généralise. Les familles ont envie que les défunts soient pas habillés comme dans la vie de tous les jours, voire qu'on leur mette un habit du dimanche. Je trouve que c'est de plus en plus le cas.

Vous êtes vraiment au plus près de lui, là, vous êtes en train de le maquiller. Est-ce qu'en le faisant vous vous demandez si c'était… s'il était une bonne personne en fait, Daniel ?

On sait pas pourquoi mais parfois on s'attache au défunt et du coup on se demande qui il était : « Si ça se trouve, cette personne était exécrable au possible, elle a fait des choses pas très nettes dans sa vie… », et c'est pour ça que j'essaie de pas y penser. Moins on en sait, mieux c'est. (Bruit de parfum qu'on vaporise.)

Vous lui mettez du parfum ?!

Moi j'aime bien.

Mais c'est son parfum ou c'est…

Non, c'est moi qui choisis… (Rires.)
En vrai, ça va sentir quinze minutes, mais moi j'aime bien. Voilà, vous avez vu, pendant un soin y a des mauvaises odeurs, j'aime bien finir sur ça, c'est bien pour lui, c'est mon petit truc, je me dis pour l'instant…

C'est la dernière petite attention ?

Voilà. Et puis, là, c'est fini. Ses proches vont venir le voir tout à l'heure.

Est-ce que vous avez conscience, Lucie, que ce que vous faites aujourd'hui dans la vie est essentiel ?

Bah moi, je suis pas d'accord avec vous là-dessus, parce qu'on ne sauve pas des vies, faut relativiser. On voit pas la souffrance comme les pompiers, comme les gendarmes, comme les infirmiers. Je sais que ça m'arrive d'intervenir dans des EHPAD où je croise des aides-soignants,

enfin le personnel de l'EHPAD, et je les vois pleurer parce qu'eux ils ont connu la personne et forcément bah voilà, ils y étaient attachés.
Et c'est vrai que là je me dis : « C'est dur. » C'est-à-dire qu'eux ils s'en sont occupés pendant longtemps. Ce qui est pas mon cas, je prends du recul là-dessus. Par contre, moi, j'adore mon travail. Je trouve qu'on est utiles. Et je pense que les personnes ne se rendent pas forcément compte de ce que c'est un défunt au naturel. Il faut leur permettre de venir les voir et de se recueillir dans de bonnes conditions. Oui là, clairement, on est utiles et on fait au mieux et heureusement qu'on est là.

Merci, Lucie.

Merci, Salhia.

ESSENTIELLES

Lucie Goutte

CATHERINE MORANA
Commandante de police

Je ne sais pas pourquoi, je ne m'attendais pas à ce que Catherine Morana me reçoive en civil pour me parler de son métier de commandante de police. Sans uniforme, on entrevoit plus vite la citoyenne et cela crée une certaine proximité, même si, tout le temps de notre entretien dans son bureau de la préfecture de police de Marseille, la conversation restera professionnelle. J'ai contacté Catherine car je voulais parler à une femme détenant un poste très élevé dans la police, tout en contournant les syndicats ultra politisés aux discours bien rodés, souvent prompts aux démonstrations d'autorité.

Le quotidien de Catherine est brutal, psychologiquement et humainement. Pendant sept ans sur le terrain, au sein de la brigade criminelle de Marseille, elle a fait partie des groupes réputés les plus durs, ceux dédiés aux meurtres et aux règlements de comptes. En juillet 2016, alors membre du Groupe anti-terroriste (le GAT), Catherine a été mobilisée en pleine nuit lors de l'attentat de Nice, qui a causé la mort de quatre-vingt-six personnes sur la promenade des Anglais. Elle a fait partie des premiers arrivés.

Malgré les horreurs vécues, malgré ce « travail H24 », la pression des dossiers médiatisés et la rancœur d'une partie de l'opinion publique, elle demeure optimiste et déterminée à bien faire son travail. On lui devine une patience et un sens de l'écoute hors normes. Ainsi, elle m'explique très naturellement comment inciter un prévenu soupçonné de meurtre à parler… Elle n'a pas eu de mal à imposer son statut de cheffe d'équipe. Au sein de la police, rappelle-t-elle, la hiérarchie, ça se respecte. Au-dessus d'elle aussi il y a une femme, et c'est parce que celle-ci, la préfète de police, l'y a autorisée (on demande rarement aux forces de l'ordre de s'exprimer sur leur quotidien, au-delà de l'actualité) que Catherine sort exceptionnellement de son devoir de réserve…

Entretien

Bonjour, Catherine.

Bonjour, Salhia.

On est à Marseille, précisément à la préfecture de police. C'est ici que vous travaillez en tant que commandante. Aujourd'hui, vous supervisez entre autres les opérations de maintien de l'ordre mais vous avez longtemps été sur le terrain, on va en parler. Mais d'abord c'est quoi, être commandante ?

Alors commandant c'est un grade, ce n'est pas une fonction. Donc en fait on peut être commandant et exercer plein de métiers différents. Mon métier actuel, c'est d'être à la préfecture de police, de travailler au bureau de la sécurité de l'ordre public. Et mon travail au quotidien c'est l'organisation des manifestations, du positionnement des CRS qui sont à Marseille, également en ce moment on prépare les jeux Olympiques, donc on prépare les grands évènements comme la venue du pape.

En fait, de là où on est, à la préfecture de police, on a une vision complètement globale de tout ce qui se passe sur le département, pas seulement sur Marseille. Donc on est informé en temps réel des choses qui se passent et en fonction de tous ces évènements on essaie de faire en sorte de rétablir l'ordre quand il y a un problème, d'assurer la sécurité des gens qui manifestent, voilà, c'est un travail assez global en fait.

On a eu de nombreuses manifestations pendant la réforme des retraites, quand vous entendez dans les manifs le slogan « tout le monde déteste la police » (je chantonne timidement le slogan), comment vous réagissez ? Qu'est-ce que ça vous fait ?

Vous êtes bien renseignée.

Ah, j'ai fait beaucoup de manifs, c'est pour ça. (Rires.) En tant que journaliste, hein !

Pour faire ce travail il faut une tonne d'humanité.

Eh bien je ne réagis pas bien. Pour le coup j'en fais une affaire personnelle et je trouve ça absolument injuste de faire des généralisations parce que j'aime pas ça en fait, ça me heurte parce que je fais mon métier avec cœur. Je crois que pour faire ce travail il faut une tonne d'humanité, qui n'est pas forcément donnée à tout le monde, de la force, du courage, et je parle pas pour moi je parle pour une grande partie de mes collègues. Et donc ça me heurte quand des gens considèrent que juste parce qu'on est policier on est une mauvaise personne. Y a des gens mauvais, bien sûr qu'il y a des policiers qui ont des comportements qui ne

sont pas bons, mais voilà, la généralisation c'est quelque chose qui me fait mal. Et ça peut avoir des conséquences. Je pense notamment à un évènement qui m'est arrivé quand j'étais au quart, au quart de nuit à Marseille, c'était en 2014. Un soir, j'arrive au service et un monsieur vient déclarer que sa femme est suicidaire, qu'elle veut mettre fin à ses jours. Il est en panique totale. Il nous dit juste qu'il pense qu'elle est dans tel quartier et elle a son téléphone portable, elle a pris des bouteilles, elle veut en finir. Donc on va faire le tour des hôtels dans ce quartier qui est la Joliette. On y va, on sait que le temps presse, on n'a aucun contact avec elle par téléphone. Elle ne répond pas, son téléphone est coupé. On arrive à un hôtel, deux hôtels, trois hôtels, à chaque fois : « non, non, non ». Puis on arrive dans un hôtel, un très grand hôtel avec plein d'étages, et là quand on s'adresse au directeur, qu'on lui demande, je comprends tout de suite qu'il sait exactement de qui je parle. Je lui dis : « Cette dame ne va pas bien, elle veut mettre fin à ses jours, il faut que vous nous ouvriez sa porte. » Et là, il nous dit : « Non, je ne le ferai pas. » A ce moment-là, je sens toute sa haine de la police, je le sens, parce que je sens qu'il considère qu'on est là pour l'interpeller, il se fait plein de films, il ne nous aime pas. Et donc je lui dis : « Elle va faire une bêtise, elle veut se suicider, il faut qu'on puisse intervenir... Donnez-moi une carte qui fonctionne, qui ouvre ! », parce que les portes s'ouvraient avec des cartes, et j'ajoute : « Dites-moi si c'est des fenêtres qui ouvrent ou pas. » Et il me dit : « Non, ce sont des fenêtres qui sont verrouillées, on ne peut pas les ouvrir. On peut juste la faire un tout petit peu pivoter mais on peut pas l'ouvrir. » Et il me donne une carte et nous fait accompagner par quelqu'un. On monte, on arrive devant la porte, on ne fait pas de bruit, parce que le but, c'est qu'elle ne sache pas qu'on arrive, pour qu'on puisse rentrer, qu'on puisse la sauver, qu'on appelle les pompiers, qu'on l'amène à l'hôpital et qu'elle soit prise en charge, c'est ça notre but. Donc on ne fait aucun bruit. Sauf qu'on arrive devant la porte, on met la carte... Et en fait il avait fait exprès de nous donner une carte qui marchait pas pour qu'on puisse pas rentrer. Sauf que la dame, du coup, nous entend et là on est obligés de lui dire : « Madame, s'il vous plaît, ouvrez-nous ! » Il y a comme un silence et deux minutes après j'entends à la radio de mon collègue que la dame s'est jetée en bas. Parce que non seulement il nous avait donné une mauvaise carte mais en plus les fenêtres s'ouvraient très bien.
Je peux vous dire que c'est une histoire qui m'a bouleversée. J'avais une colère contre cet homme après parce qu'il l'a fait exprès. Si elle est morte, c'est en partie à cause de son comportement.

Vous pensez que tout ça était motivé par sa haine de la police ?

Ah mais j'en suis sûre. J'en suis absolument, totalement convaincue. Quand j'en parle, encore aujourd'hui...

C'est dur.

Oui, c'est dur...
Après, il a fallu que je rentre à mon service pour dire à son mari ce qui c'était passé. Alors je lui ai pas raconté tout ça mais j'ai dit qu'on était arrivés trop tard. En vrai, on n'est pas arrivés trop tard, c'est juste qu'on n'a pas pu faire ce qu'on devait faire !

Avant d'être commandante vous avez été membre pendant sept ans de la brigade criminelle de Marseille, comment ça s'est passé ? Vous étiez plusieurs à enquêter sur un meurtre en particulier ?

C'est ça. Alors en fait quand le meurtre vient de se passer, y a une espèce de rouleau compresseur qui se met en marche à la brigade et tout le monde y va. C'est-à-dire que les soixante-dix personnes de la brigade, pendant les quarante-huit premières heures, sont toutes dessus pour essayer de faire le plus de choses possible et de verrouiller la scène en fait, de laisser perdre aucune information. Parce que finalement c'est dans les premières heures que tout ce qu'on peut recueillir est le plus important.

Une fois que vous avez trouvé le principal suspect, ou même le meurtrier, c'est vous qui l'interrogez ? Comment on interroge un meurtrier ?

On l'interroge en le réhumanisant. C'est-à-dire que quelqu'un qui a tué quelqu'un d'autre dans des conditions parfois horribles, abominables, il va se sentir, bah forcément, pas bien. À moins qu'il ait vraiment des problèmes de distanciation psychologique, mais bon globalement il se sent mal par rapport à l'acte qu'il a commis et pour qu'il ait envie de parler, il faut qu'il sente qu'on le regarde comme un humain et pas comme l'auteur juste de ce qu'il a fait. Il faut le réhumaniser, l'écouter, et l'écouter vraiment, faut pas faire semblant. Si on fait semblant ça marche pas. Il faut l'écouter, lui parler, partager des cafés avec lui, lui donner des cigarettes, lui donner de l'attention. Donc on donne beaucoup pour recevoir, et dans ces conditions… C'est la seule condition qui permet à la personne de parler et de raconter ce qu'elle a fait. Moi, y a un dossier plus particulièrement qui m'a suivie, c'est une jeune fille qui a été assassinée au métro La Timone, y a quatre ans, une jeune fille qui avait dix-sept ans. Ça a été un dossier qui a été extrêmement médiatisé, donc c'était très lourd en fait. Porter un dossier, c'est déjà pas facile mais porter un dossier quand il est médiatisé et quand tout le monde, quand tous les gens de la ville et tous les policiers de la ville ont envie d'interpeller l'auteur… C'est lourd parce qu'on se sent une grosse responsabilité. Et c'est un dossier qui m'a un peu coupée de mon groupe parce que je l'ai tellement pris à cœur, ce dossier, que j'ai oublié à un moment qu'on travaillait en équipe.

Vous en aviez fait une affaire personnelle, de retrouver le meurtrier de cette jeune femme ?

Oui, complètement. Et c'est ce qui fait qu'à un moment, je sais pas si ça fait partie de vos questions, mais j'ai décidé de changer parce qu'en vrai, quand on fait ce métier-là, on le fait H24. On n'éteint jamais son téléphone. Même quand on est chez soi, même quand on est supposé dormir, même quand on est en vacances, on pense à ses dossiers. D'abord on en a tellement à Marseille que déjà y a une charge de travail colossale et qui fait qu'on peut jamais faire les choses bien parce qu'on en a trop. Et quand on est consciencieux, ce qui est le cas de tous les chefs de groupe, on y pense tout le temps… (Pause.)

Quand on entend parler de Marseille généralement, si je caricature, c'est le foot, le rap, et les règlements de comptes. Vous, les règlements de comptes, vous connaissez bien puisque

*“Il faut qu’il sente
qu’on le regarde comme
un humain
et pas comme l’auteur
juste de ce qu’il a fait.
Il faut le réhumaniser,
l’écouter,
et l’écouter vraiment,
faut pas faire semblant.”*

ESSENTIELLES

Chapitre III

vous avez travaillé dessus. C'est dans ce groupe qu'il y a le plus d'effectifs du côté de la brigade criminelle ?

Chaque groupe a six personnes mais par contre y a beaucoup plus de groupes dédiés aux règlements de comptes et tout ce qu'on appelle les meurtres liés aux stupéfiants. En fait on va dire qu'il y a deux catégories : les règlements de comptes, c'est le « haut du spectre », où c'est par exemple un « gérant » qui va aller en tuer un autre, on est dans des personnes qui sont importantes dans le réseau. Ensuite les meurtres qui sont liés au trafic de stups et qui de plus en plus, actuellement, touchent des petits jeunes qui vont guetter mais qui à part le fait qu'ils guettent n'ont pas pris d'argent à quelqu'un, c'est ce qu'il se passe actuellement le plus.

Comment vous expliquez qu'au fil des années il y ait toujours autant de règlements de comptes à Marseille ? Pourquoi on n'arrive pas à y mettre fin ? On a l'impression maintenant que les dealers sont plus forts que les forces de l'ordre…

Je ne sais pas si on peut parler comme ça. C'est un sujet très très compliqué. Je pense que s'il y avait une réponse, on l'aurait déjà trouvée dans tous les cas. Des gens qui réfléchissent à ça tout le temps, parce qu'il y en a beaucoup, l'auraient trouvée. Je pense que tout le monde cherche et que tout le monde essaie de faire de son mieux. Que ce soit les policiers qui sont sur place, que ce soit les gens de la Ville, les associations, je pense que tout le monde travaille à ça, et mes collègues dont je faisais partie avant, qui se retrouvaient des nuits, pendant des heures entières, à compter les étuis de balles de kalachnikovs y pensent aussi en se sentant complètement impuissants.

En 2016 vous étiez membre du Groupe anti-terroriste (le GAT), vous avez donc été mobilisée en pleine nuit lors de l'attentat de Nice qui a eu lieu sur la promenade des Anglais. Vous étiez parmi les premiers arrivés sur place.

Quand on est arrivés, il faut imaginer cette promenade des Anglais que moi je connaissais par cœur qui était dans le noir avec le bruit des cliquetis des bateaux, vous voyez ce petit clink clink, et puis une espèce de silence, et j'ai compris ce que ça voulait dire… un silence de mort. Ce jour-là, je l'ai compris. Donc en fait faut imaginer que le travail qu'on fait d'habitude, de constatations sur un mort, là on l'a fait sur une scène absolument immense, c'est-à-dire sur trois kilomètres. Moi sur ma zone y avait neuf corps dont le dernier était un enfant.

C'est-à-dire que quand vous arrivez sur place et que vous voyez tous ces corps étalés, y a même pas une demi-seconde d'émotion…

Alors je pense qu'à ce moment-là y a une espèce de dissociation qui se crée au niveau du cerveau parce que sinon c'est pas possible. En fait ça dépend parce que pour moi ça a été comme ça, mais c'est pas pour tous mes collègues, y en a certains qui ont vécu les choses comme moi. Y en a d'autres qui n'ont pas pu, ça dépend, chacun réagit avec ses armes. Pas qui n'ont pas pu, pas qui ont renoncé, parce que je pense que tous ceux qui étaient là l'ont fait, mais on a été impactés tous plus ou moins, soit sur le moment, soit plus tard.

“ Ce qui est globalement difficile dans notre métier, c’est qu’on peut pas en parler.”

Qu’est-ce que vous cherchez, à ce moment-là ? Qu’est-ce que vous essayez de trouver ?

En fait on sait que l’auteur, on est d’accord, il est dans le camion, il est mort. Mais on doit faire le travail… comme n’importe quel meurtre en fait. On doit faire des constatations de manière extrêmement professionnelle et précise, parce qu’on ne sait pas en fait. On ne sait pas s’il y a des complices, s’il y a autre chose, on ne sait rien. Donc on fait des constatations exactement comme on les ferait en matière criminelle normale, mais là à une grande ampleur.

Et ça vous a pris toute la nuit ?

Toute la nuit, et jusqu’à la moitié de la journée suivante. Et ensuite j’y suis retournée pendant toute une semaine entière, une fois que l’identification des victimes était faite, pour restituer les corps aux familles.

Votre ligne de conduite à ce moment-là c’est : faut pas craquer ?

Personnellement je me suis pas positionnée comme ça pendant les constatations. C’est plus après, quand j’ai vu les familles. Là oui, il fallait pas craquer parce que, eux, ils pleuraient. Forcément quand un parent vous serre dans ses bras, parce que ça arrive, c’est hyper dur parce qu’on a envie de pleurer avec lui. Mais non, il faut pas, parce qu’ils attendent pas ça de nous. Ils attendent pas qu’on pleure, ils attendent qu’on soit un peu plus forts, qu’on les écoute… parce qu’ils veulent pas qu’on plonge avec eux, il faut qu’on soit là pour eux. Ce qui est difficile quand on vit quelque chose comme ça, et ce qui est globalement difficile dans notre métier, c’est qu’on ne peut pas en parler. Parce que les gens du quotidien n’ont pas la même réalité que nous. Quand je rentrais chez moi de toutes mes enquêtes j’étais impactée. Je sais que j’étais impactée. Pendant quelques jours après, j’étais toujours pas très bien. C’était compliqué pour ma famille parce qu’ils comprenaient pas.

Vous n’aviez pas le droit de leur en parler ?

Si, on peut en parler, mais quelqu’un qui n’a pas vécu l’événement ne peut pas comprendre, donc on se sent coupé des autres. C’est une espèce de solitude quand on fait ce métier.

Est-ce que vous avez conscience que votre métier, que ce que vous faites tous les jours, est essentiel au quotidien des Français ?

Moi, je suis convaincue que notre métier est essentiel. J’en suis absolument certaine. Quand je vois le cœur, le temps et l’énergie que mettent mes collègues, je peux dire que c’est un métier extraordinaire qui donne beaucoup. En revanche, la reconnaissance c'est compliqué, c'est un métier très ingrat où on donne beaucoup et on reçoit peu de l'autre côté, et là je parle pas d'argent. C'est un métier ingrat, ouais.

Merci, Catherine.

Merci, Salhia.

ANAÏS BRUNET
Professeure

Nous sommes à l'anniversaire d'une amie commune. On vient de se rencontrer. J'évoque mon projet et je dis qu'il me manque une professeure, Anaïs me répond : « Moi, je suis prof au collège ! » Elle précise qu'elle enseigne au collège Jean-Jaurès d'Évreux. C'est la ville dont est issu le meurtrier de Samuel Paty, professeur décapité, en octobre 2020, pour avoir montré à ses élèves des caricatures de Mahomet publiées par *Charlie Hebdo*. Anaïs enseigne l'histoire-géo, comme Samuel Paty.

Forcément, on parle tout de suite laïcité, niveau de discours aux élèves, autorité, distance nécessaire… Au collège, Anaïs est en mission. Elle est professeure principale, donne des cours de soutien, anime des clubs le midi : elle forme des citoyens et se donne tout entière à cette responsabilité, même si elle sait qu'elle ne verra sans doute jamais le fruit de ses efforts. Sa passion l'anime et je me dis qu'elle fait partie de ces pépites de l'Éducation nationale, le genre de prof dont on se souvient, bien longtemps après les années collège. Anaïs respire le sérieux, l'implication, la rigueur. Et pourtant, elle est convaincue que jamais, en classe, l'autorité ne s'impose. Il faut la construire en équipe, à force de respect mutuel.

Anaïs croit très fort en son métier et sait transmettre sa noblesse, alors que la profession se fragilise et que les défections d'enseignants se font de plus en plus fréquentes. Elle est aussi lucide lorsqu'elle évoque les découragements du quotidien : la surpopulation des classes, le manque de moyens, l'épuisement, les salaires qui ne suivent pas, le rapport aux réseaux sociaux des enfants et celui à l'immédiateté qui en découle – et, en miroir, la fracture numérique qui continue de creuser les inégalités. Mais sa vocation inébranlable est plus forte que le découragement…

Entretien

Bonjour, Anaïs.

On retourne à l'école, avec vous. On est dans votre salle de classe au collège Jean-Jaurès d'Évreux. Ici vous êtes prof d'histoire-géographie pour différents niveaux : des sixièmes, des cinquièmes, des troisièmes... Ça fait neuf ans que vous exercez ce métier. « Le plus beau métier du monde », ça a été le nom du film avec Gérard Depardieu, sorti dans les années 1990, il l'est vraiment ?

Il l'est vraiment, avec de plus en plus de difficultés. On sait qu'aujourd'hui il attire de moins en moins. Ça reste quand même un métier gratifiant et je pense que ce qu'il faut accepter c'est de… je crois que c'est un formateur qui nous avait dit ça, ça m'est toujours resté : « Il faut accepter de planter des graines qu'on ne voit pas pousser. »

Il faut accepter de planter des graines qu'on ne voit pas pousser.

Le cliché du prof, c'est qu'il bosse peu et qu'il a beaucoup de vacances dans l'année. Dans la réalité ça donne quoi, de votre côté ?

Dans la réalité alors déjà le prof, il est pas forcément affecté à un collège près de chez lui. Moi par exemple, je fais cent vingt kilomètres tous les jours. Donc je fais soixante kilomètres aller, soixante kilomètres retour. Donc le prof se lève tôt quand il est pas affecté près de chez lui. Journée type aujourd'hui, j'ai huit heures de classe devant élèves…

Et ça c'est sans la préparation des cours aussi ?

Ça c'est sans la préparation. C'est sans tout ce qu'on a à faire à côté, et maintenant on doit rentrer nos cours en ligne. C'est sans la correction des copies qu'on va ramasser, etc.

Donc ça veut dire des cours en présentiel au collège et beaucoup de travail à la maison ?

Oui. Nous, quand on part en week-end ou en vacances, on n'a pas que du temps libre. Donc ce ne sont pas de vrais week-ends ou de vraies vacances.

Vous, vous avez combien d'élèves dans vos classes ?

Entre vingt-cinq et trente.

C'est beaucoup ?

C'est beaucoup, c'est trop !

Et comment on gère, alors ?

On gère… alors déjà c'est vingt-cinq ou trente élèves mais surtout vingt-cinq ou trente individualités, avec, chacune, leurs problèmes, leurs origines sociales... Enfin quand ils arrivent en classe, ils arrivent avec tout un background et aussi un vécu à l'extérieur. On sait que tout ce qui arrive à un élève en dehors, ça a un impact en classe. Si un élève arrive triste, déprimé, angoissé, stressé, il n'est pas disponible pour les apprentissages.

L'ancien ministre de l'Éducation nationale Pap Ndiaye a dit, il y a plusieurs mois : « On peut dire un peu brutalement que l'école se débrouille mal avec les pauvres et qu'elle est injuste avec eux. » Est-ce qu'il a raison de dire ça ?

Il y a eu des choses de faites ces dernières années, après je ne sais pas si ça va dans le bon sens, par exemple diminuer les devoirs pour ne pas créer d'inégalités sociales. Ça a du bon et du moins bon parce qu'un élève ne travaille pas de la même façon en classe avec vingt-cinq, trente élèves autour de lui que tout seul à la maison. Il ne va pas aller mobiliser les mêmes ressources. Après, il est vrai que la fracture se joue aussi sur l'équipement numérique. Il y a des familles où le seul accès Internet à la maison c'est le téléphone portable du père ou de la mère, et nous on a beaucoup plus de choses à demander aux élèves sur Internet. Déjà de se connecter pour connaître les devoirs. Il y a beaucoup d'élèves qui n'ont plus d'agenda. Donc les emplois du temps, les devoirs, tout ça, ça se passe en ligne...

Et si on n'a pas ça à la maison, on ne peut rien faire ?

On est bloqué. Ou alors ça donne une bonne excuse pour ne rien faire.

Vous avez un manque de moyens, vous considérez que vous avez un manque de moyens pour enseigner ?

Un manque d'effectif déjà, si on avait plus de profs, plus de salles, et qu'on pouvait avoir des classes avec beaucoup moins d'élèves, oui les choses seraient facilitées. Mais le manque de moyens, il est aussi dans les équipements...

C'est quoi, par exemple ? Qu'est-ce qui vous manque ?

Bah par exemple, on est dans un collège qui compte entre six cents et sept cents élèves. Et il y a une seule salle informatique pour l'ensemble des collègues.

En 2023 ?

Ouais, et il y a un tiers des ordinateurs qui ne fonctionnent pas. Mon ordinateur, c'est moi qui l'ai acheté, ma licence Libre Office, c'est moi qui l'ai achetée. J'achète aussi beaucoup de livres pour varier mes documents.

Mais les copies que vous distribuez aux élèves, vous pouvez les faire ici ?

Les copies, on les fait ici mais c'est compliqué... On a des quotas.

Les enquêtes PISA, qui mesurent le niveau des élèves dans les pays développés, se succèdent et montrent régulièrement la même chose : l'école française est loin d'être au top, en maths et en lecture notamment. Ces lacunes, vous aussi vous les décelez dans vos classes, chez vos élèves ?

Oui, on voit qu'il y a de plus en plus de blocages à l'écrit. Il y a un problème avec la rédaction, il y a un problème aussi de honte un peu sur la maîtrise du français, de la grammaire, de l'orthographe. Il y a beaucoup d'élèves qui écrivent phonétiquement. Donc on est amené à de moins en moins, enfin, à essayer de ne pas se focaliser là-dessus pour mettre en avant leurs idées.

Ça veut dire quoi ? Ça veut dire que quand vous corrigez une copie vous n'allez pas forcément faire attention aux fautes d'orthographe mais vous allez chercher l'idée ?

Je vais corriger leurs fautes d'orthographe. Je vais peut-être leur dire : « Attention, orthographe, grammaire, mauvaise expression », mais je vais pas leur enlever de points sur ça. Sur un développement construit en histoire par exemple, si c'est construit, si c'est problématisé, si j'ai les idées, les exemples, le vocabulaire, mais qu'il y a une faute à tous les mots, alors oui c'est très gênant, mais moi finalement l'élève a validé la compétence de construire sa pensée, la synthétiser, utiliser le vocabulaire du chapitre. Donc j'ai pas envie de le pénaliser sur l'orthographe et de le démotiver alors qu'il a fait le travail que je lui demandais finalement.

Cette baisse de niveau concernant la lecture, l'écriture, le vocabulaire français, à votre avis c'est dû à quoi ? C'est la faute aux smartphones, aux réseaux sociaux ? Ils écrivent en phonétique, c'est Snapchat ?

Alors y a de ça mais c'est aussi une génération de l'immédiateté et donc le goût à l'effort est compliqué. Un exemple : faire un brouillon pour préparer une réponse, c'est très difficile de leur faire comprendre que c'est pas un travail en plus mais juste qu'ils en ont besoin. Pour eux, ça va être une perte de temps et ça va être de l'énergie pour rien. S'ils n'ont pas immédiatement le sens des apprentissages qu'on leur apporte ou des compétences qu'on leur fait travailler, ils n'ont pas de motivation à le faire.

Ce métier d'enseignante, vous l'avez choisi, mais ils sont de moins en moins à le faire. On manque de profs en France au point qu'aujourd'hui on peut se retrouver devant une classe après quelques heures de formation seulement. Comment vous l'expliquez, cette crise des vocations ?

Un salaire qui n'est pas attractif, la peur du public concerné, le fait de devoir instaurer une certaine autorité, une certaine discipline, mais elle s'instaure plus comme avant. C'est-à-dire qu'un prof qui va arriver comme avant en frontal en criant sur les élèves et qui va penser avoir une autorité naturelle, ça va pas marcher. L'autorité, elle se construit, aujourd'hui... On fait une équipe en fait avec les élèves. On est capitaine d'équipe, et les élèves respectent l'autorité d'un prof quand ils le sentent bienveillant, quand ils ont confiance en lui, quand ils voient du sens aux activités proposées.

Vous parliez à l'instant des différents facteurs qui faisaient qu'il y avait une crise des vocations... Vous, par le salaire, est-ce que vous avez l'impression d'être reconnue dans votre travail ?

Non. Par rapport au nombre d'études de faites, par rapport à l'implication personnelle que ça demande... et on nous en demande de plus en plus. Si j'avais que mon salaire de base et que je ne faisais pas d'heures supplémentaires, que je ne me lançais pas dans des projets éducatifs, non clairement je ne me sentirais pas valorisée.

“L’autorité, elle se construit, aujourd’hui… On fait une équipe avec les élèves. On est capitaine d’équipe, et les élèves respectent l’autorité d’un prof quand ils le sentent bienveillant.”

ESSENTIELLES

Chapitre IV

Vous gagnez combien ?

Je pense que là, avec huit, neuf ans d'ancienneté, si on enlève mes missions de professeure principale, etc., je dois être autour de 1 900, 2 000 euros…

Pourtant le gouvernement a annoncé des primes de 100 à 230 euros net, et jusqu'à 500 euros même, pour ceux qui travaillent un peu plus, comme vous. Vous vous dites pas : « C'est un beau geste » ?

Non, parce que, comme vous le dites, il faut travailler plus pour avoir ces sous-là, on a tous une situation personnelle différente. Certains ont des enfants, certains n'ont pas autant de temps à consacrer à d'autres projets, d'autres missions. Donc la revalorisation, elle va pas toucher tout le monde. Et la prime de 100 à 200 euros, les 200 euros c'est surtout pour les nouveaux profs, en fait. Mais c'est pas revaloriser, ça, c'est travailler plus pour gagner plus !

Il y a trois ans, le 16 octobre 2020, Samuel Paty, quarante-sept ans, professeur d'histoire-géographie comme vous, a été décapité devant son collège de Conflans-Sainte-Honorine dans les Yvelines pour avoir montré en cours des caricatures de Mahomet publiées par *Charlie Hebdo*, vous vous rappelez ce que vous faisiez quand vous l'avez appris ?

Oui, j'étais chez moi, c'était une matinée où je ne travaillais pas, et donc je l'ai entendu à la radio. J'y ai pas cru, d'abord, je me suis dit : « C'est pas vrai », enfin j'ai cru que j'avais mal entendu. Et donc j'ai allumé la télé pour chercher une chaîne d'infos, et donc oui le sentiment dont je me souviens c'est le choc, je me souviens d'être restée tétanisée devant ma télé à me dire : « C'est pas possible… »

Je l'ai dit, il était prof d'histoire-géographie comme vous, comment vous l'avez vécu, ce drame ?

Passé le choc, c'est vrai qu'on réfléchit à sa pratique. Je pense qu'on s'est tous posé la question : « Est-ce que maintenant on est en danger quand on utilise tel ou tel document ? », mais moi je n'ai pas envie de me censurer. Donc il faut ouvrir la discussion avec les élèves. Moi j'ai déjà demandé à certains de mes élèves : « Si demain, là, on fait un cours sur les libertés d'expression, si j'ai envie de les utiliser, moi, ces caricatures, quelle sera votre réaction ? » J'ai des élèves qui m'ont dit : « Bah non vous pouvez pas faire ça, ça se fait pas, etc. » Donc après il faut rentrer dans la discussion : « Pourquoi ça se fait pas ? Pourquoi j'ai le droit d'utiliser des caricatures juives quand je travaille sur la Shoah et pourquoi, sur ce thème-là, je dois faire attention ? » À partir du moment où il y a un lien de confiance qui est noué avec sa classe… bien sûr, on va pas arriver en début d'année à faire un cours où on sort des caricatures. Mais je pense qu'il y a un lien de confiance qui doit être travaillé avec les classes pour se sentir en sécurité. Ça ne veut pas dire que dans quelques années je ne tomberais pas sur une classe où je vais me dire : « Ah y a peut-être un risque » parce que je sais que tels élèves sont dans une famille que l'on sait radicalisée, ou fichée S. Mais si nous on ne le fait pas, qui le fera ?

Vous, à aucun moment vous ne vous êtes dit : « Je ne vais plus vivre mon métier comme avant » ?

On sait très bien qu'il y a des sujets où il

> *« La moindre remarque en classe, il faut la reprendre, même s'il faut perdre du temps sur le programme, mais on gagne du temps sur les citoyens qu'on forme. »*

faut faire attention à la manière dont on formule les choses. Mais c'est pas que sur ce sujet-là. On a des classes où il y a des communautés différentes, donc là par exemple on a accueilli des réfugiés ukrainiens, ils peuvent se trouver dans une classe avec des gens d'origine russe donc, euh… De la même façon, on a des Arméniens et des Turcs dans les classes, donc travailler sur le génocide arménien, on sait qu'on va au-devant de discussions. Ils savent qu'ils ont la liberté d'expression et qu'ils peuvent même dire des choses choquantes du moment où je peux intervenir… Je préfère qu'ils disent ce qu'ils ont en tête, quitte à ce que ça soit très choquant et qu'on puisse en débattre et en discuter après, plutôt qu'un élève qui va être taiseux, tout garder pour lui, qui va penser exactement le contraire de ce que je suis en train de dire mais qui va pas le manifester.

Aujourd'hui, Anaïs, est-ce que vous avez conscience que ce que vous faites dans la vie, votre métier, est essentiel ?

Alors essentiel, dans le quotidien, on peut le perdre de vue… Mais oui, quand il y a des faits d'actualité brûlants, on voit les élèves demandeurs, c'est-à-dire qu'ils arrivent en classe parfois ils sont en attente de la parole du prof, ils sont en attente d'explications.

L'autre fois, j'ai un élève qui est venu me voir dans les couloirs pour me dire : « Au fait, madame, on était en train de jouer avec un tel et il a eu une remarque sexiste, il a dit : "De toute façon, les femmes elles doivent être qu'à la cuisine !" Et comme on avait fait le cours sur la discrimination et sur le sexisme, on était plusieurs à lui dire : "Bah là ce que tu viens de dire, c'est complètement sexiste", donc il s'est trouvé un peu gêné et puis il a plus rien dit. » Mon élève a fait : « Vous avez vu, c'est bien, madame, on a réutilisé ce qu'on a appris, on a dit que c'était sexiste. » Donc là on est content, et que l'élève vienne nous dire qu'il est content d'avoir fait ça, bah oui là on se dit : « Il y a quelque chose qui est passé… » Ça a servi. Alors sur la question de racisme, sur l'homophobie, c'est un combat qu'on doit mener chaque jour. La moindre remarque en classe il faut la reprendre, même s'il faut perdre du temps sur le programme, mais on gagne du temps sur les citoyens qu'on forme.

Merci beaucoup, Anaïs.

De rien.

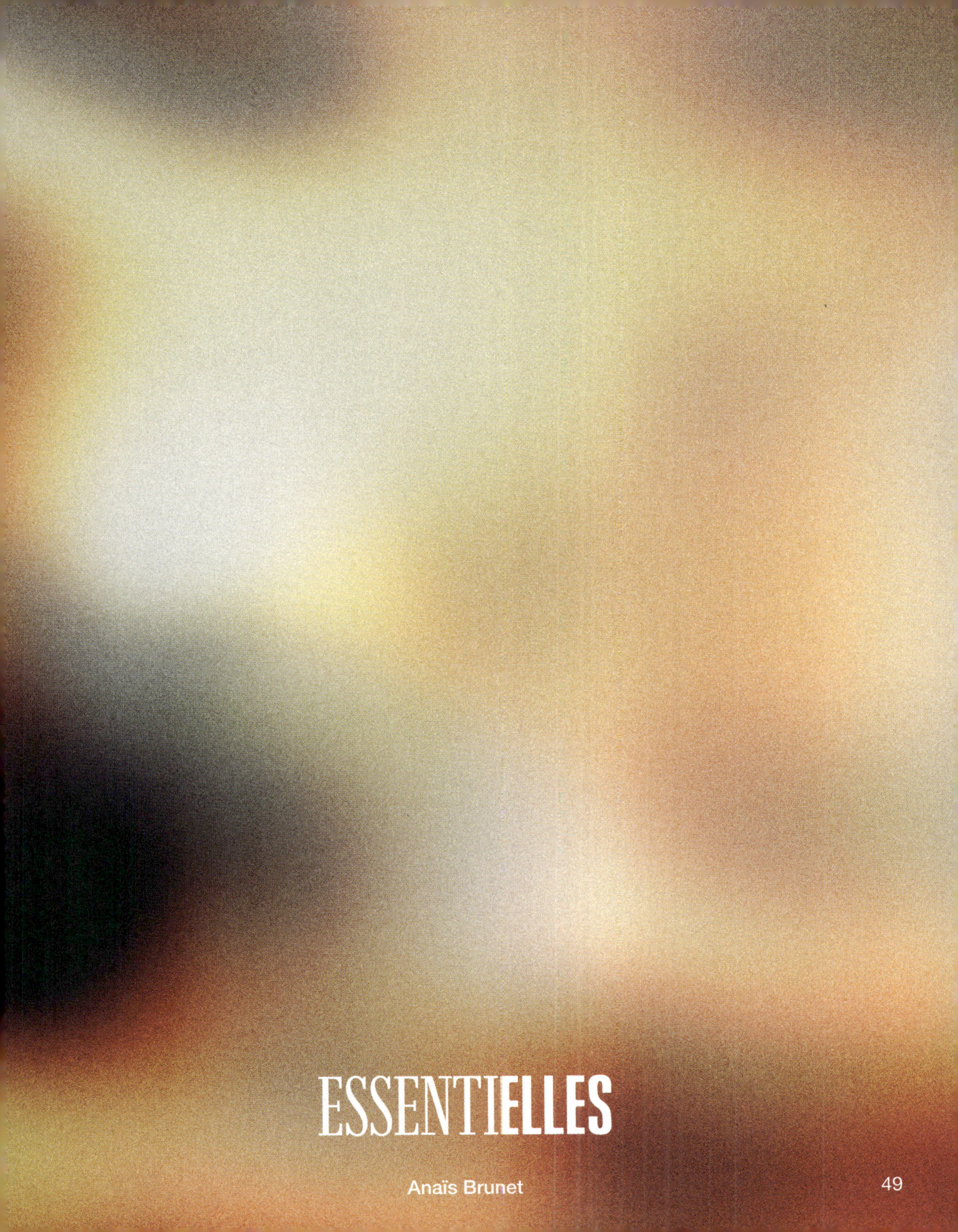

ESSENTIELLES

Anaïs Brunet

SHÉHÉRAZADE
Surveillante pénitentiaire

Il n'y a que des hommes incarcérés à la maison d'arrêt des Hauts-de-Seine, dans le 92, une prison aux airs de ville miniature avec son lieu de culte, son école et ses deux mille détenus. Shéhérazade, surveillante pénitentiaire, me dit que le fait d'être une femme dans ce métier l'avantage : il y a moins de rapports de forces que dans la relation détenu/surveillant. Même si, avec certains, il faut poser les bases : « Au début, des machos m'ont dit "Je veux pas me faire commander par une femme"... Sauf que je leur ai vite rappelé que c'est moi qui avais la clé de leur cellule... »

De longs cheveux noirs, des origines maghrébines... Il n'en a pas fallu plus pour qu'un détenu l'appelle ainsi, Shéhérazade, et qu'instantanément le surnom se propage. Dans l'enceinte de l'établissement, dont elle gère seule, en alternance, un couloir de quatre-vingts résidents, c'est désormais son identité, même pour ses collègues. Passé les barbelés, les membres du personnel renoncent à leur identité et ne s'interpellent que par les petits surnoms trouvés par les détenus. Une mesure de sécurité. C'est d'ailleurs par sécurité aussi que vous ne trouverez pas de photo de Shéhérazade dans ce livre, elle doit garder son anonymat pour maintenir sa tranquillité... Chaque jour, gilet pare-lame sur le dos, elle assume les risques et passe ses journées au rythme du bruit assourdissant des portes métalliques ou du tintement permanent des clés, qu'elle ne remarque même plus.

Dans une maison d'arrêt comme celle-ci, nombreux sont les détenus qui se connaissent déjà de l'extérieur. La vie s'écoule entre quatre murs, le jardin est un coin de béton et on partage sa cellule, parfois à quatre. Les prisons françaises accueillent plus de soixante-douze mille prisonniers aujourd'hui - un record ! - pour seulement soixante mille sept cents places réglementaires. Une vie confinée en surpopulation carcérale, c'est une vie où les frontières entre promiscuité et solitude se brouillent. Celles de l'intimité sont vite piétinées. Shéhérazade sait que les détenus ont tendance à se livrer, alors elle pose ses limites. Elle les côtoie, les écoute, mais elle refuse de savoir pourquoi ils sont incarcérés. Sa règle : ne jamais rien dire d'elle. Même si certaines situations la touchent, cette retenue, c'est sa boussole. Comme elle le dit elle-même, « Ça m'émeut... un petit peu ».

Entretien

Bonjour, Shéhérazade.

Bonjour, Salhia.

On est à la maison d'arrêt des Hauts-de-Seine, particulièrement dans la salle de repos des surveillants. Vous, vous travaillez ici en tant que gardienne de prison depuis cinq ans maintenant. Ici, les détenus sont tous des hommes.

Tout à fait.

Vous êtes combien de surveillantes pénitentiaires ?

Je dirais qu'on est une soixantaine, approximativement.

Parce qu'en tout il y a combien de surveil-lants ?

À peu près deux cents, je pense.

Le fait d'être une femme, est-ce que ça vous avantage ou pas ?

Oui, parce que je pense que la fermeté d'un discours, elle vaut plus que la fermeté des muscles, on va dire. Moi, de mon expérience, je trouve que les femmes en détention sont beaucoup plus respectées que les hommes. Y a pas ce rapport de force entre les détenus et les surveillants hommes.

La fermeté d'un discours, elle vaut plus que la fermeté des muscles.

Ceux qui sont là aujourd'hui à la maison d'arrêt des Hauts-de-Seine, ils ont commis quel genre de crimes ?

Ça peut aller du vol à l'étalage au trafic de stupéfiants, voire jusqu'au meurtre.

Est-ce que votre regard à vous, il change en fonction du crime ou du délit fait par les détenus ?

Alors non, parce que tout simplement nous on ne sait pas pourquoi les personnes détenues sont chez nous, en fait.

Ah bon ? Et vous ne vous posez jamais la question, quand vous avez un détenu en face de vous ?

Personnellement je préfère ne pas savoir, parce qu'ils sont déjà jugés ça m'intéresse pas. On n'a pas accès à leur fiche pénale, donc on peut pas savoir pourquoi ils sont incarcérés.

Donc vous pouvez avoir un tueur en série en face de vous…

C'est ça, et je ne le saurais pas ! Et pour autant il peut être très poli, très courtois, alors que, comme vous dites, ça peut être un tueur en série. (Pause.)

C'est quoi, le quotidien d'une surveillante pénitentiaire dans une maison d'arrêt ?

Le service commence à 6 h 45. Donc à 6 h 45, on se présente à la salle d'appel pour s'assurer que tous les surveillants soient là. Ensuite, on se rend à l'étage auquel nous sommes affectés. Et puis, la journée commence : on fait l'appel, on regarde si l'intégrité physique des détenus… si tout le monde va bien, si tout le monde est vivant, si y a pas eu de soucis. Et ensuite on commence nos différents mouvements. Il y a les douches, il y a les parloirs, il y a le culte, il y a l'école, le travail, etc. Donc on gère tous les mouvements.

Les détenus qui sont ici, ils ont entre quel âge et quel âge ?

Je dirais entre vingt et… On a aussi des personnes détenues âgées mais elles sont en minorité. Il y en a une poignée mais…

Elles ont quel âge ?

Soixante-dix ans. Je pense que le plus vieux il a, il me semble, soixante-dix ans.

Les détenus, vous les côtoyez tous les jours par définition.

Oui, c'est ça.

Est-ce qu'au fil du temps un lien se crée ?

Un lien je dirais pas… pas un lien, mais en tout cas après on discute beaucoup avec eux. Eux se livrent aussi facilement. Pas tous, mais y en a pas mal qui se livrent facilement à nous, qui nous racontent, nous expliquent un peu leurs soucis. Donc on est quand même aussi une oreille attentive pour eux puisqu'ils sont quand même enfermés. Ils peuvent pas téléphoner à leurs proches.

C'est quoi, votre limite ? C'est quoi, la ligne rouge pour un détenu ? Qu'est-ce qu'il n'a pas le droit de faire ?

Certaines manières de parler. On n'est pas copains. Mais, on est aussi là pour les écouter, les aider à s'en sortir quand ils seront libérés. De toute façon, nous, on raconte pas notre vie privée, donc c'est assez paradoxal dans le sens où eux ils nous racontent tout et nous on leur raconte vraiment rien de notre vie. Ils ont pas besoin de savoir… et surtout pour notre sécurité… d'en savoir sur notre vie privée.

Donc vous ne dites rien sur vous aux détenus ?

Non, rien du tout. Vraiment rien du tout.

Et eux ne vous posent pas de questions ?

Si, si. Je vais pas vous mentir, ils posent des questions, mais après on leur explique que non ils ont pas besoin d'en connaître plus, quoi.

Au début de l'entretien je vous ai appelée Shéhérazade, mais, on va le dire aux lecteurs, ce n'est pas votre vrai prénom.

C'est ça, tout à fait.

D'ailleurs, vous avez refusé de nous donner votre vrai prénom et votre vrai nom de famille.

Tout à fait.

Vous avez peur de quoi ?

Comme moi je travaille tous les jours dans la maison d'arrêt, s'il y a des personnes détenues qui découvrent cette interview, bah j'ai pas envie pendant mon service qu'on m'appelle soit par mon nom soit par mon prénom, ou bien qu'on me recherche par n'importe quel biais, qu'on retrouve mes coordonnées. C'est une manière pour moi de me protéger. Je veux garder l'anonymat et on est tous tenus à l'anonymat ici.

C'est-à-dire que tous les surveillants, ici, ils ne portent pas leur vrai prénom ?

C'est ça ! En fait, on ne s'appelle pas par nos noms ni par nos prénoms devant les détenus. Les détenus, ils nous ont presque tous trouvé des surnoms, donc on s'appelle par les surnoms que les détenus nous ont donnés, mais sinon on ne s'appelle jamais ni par nos noms ni par nos prénoms, que ce soit devant les familles des détenus ou devant les détenus.

On peut imaginer que les proches à l'extérieur des détenus peuvent entrer en contact avec des surveillants pour soit leur donner de l'argent, soit attirer les faveurs du surveillant pour que la vie du détenu en prison soit améliorée... soit permettre au détenu de s'évader ?

De toute façon, on prête tous serment quand on est affectés dans les établissements. On va tous prêter serment au tribunal donc on nous dit ce qu'on encourt. Je pense qu'on vient tous travailler pour avoir notre salaire à la fin du mois, donc ce serait un risque énorme de tomber dans ces travers.

Il y a des critiques qu'on entend parfois : « Les prisons françaises c'est sympa, y a la télé, y a Canal +. Les détenus sont presque en vacances et ils sont même pas obligés de payer un loyer »...

Oui, c'est vrai.

Quand vous entendez ça, comment vous réagissez ?

Bah moi ça m'amuse, ça me fait rire, parce que sur le fond c'est pas faux, c'est vrai qu'il y a Canal +. (Rires.) Mais après, bon, c'est quand même assez difficile de rester enfermé vingt-trois heures sur vingt-quatre dans une cellule. Ils sont quand même enfermés, ils paient les conséquences de leurs actes, donc après c'est pas non plus le Club Med, la prison.

C'est la privation de liberté qui est le pire ?

C'est ça, tout à fait. Les gens ont vécu le confinement pendant le Covid, ils en ont eu un aperçu...

Avant d'arriver ici, est-ce que vous aviez des craintes particulières ?

Pas vraiment, car je suis quand même quelqu'un d'assez curieux, donc je me suis aussi beaucoup renseignée sur le métier avant de m'y engager. Après j'avais aussi la vision qu'on a dans les films, et quand je suis arrivée j'ai vu que c'était tout à fait le contraire.

Vous avez dit : « La prison, c'est pas le Club Med »... Mais à l'inverse ça peut parfois être dangereux, j'imagine. Est-ce que vous, par exemple, vous avez déjà été menacée ou agressée par un détenu ?

En cinq ans à peu près, un peu moins de cinq ans que je suis là, j'ai été agressée une seule fois. Donc ça reste très rare et cette histoire s'est passée il y a plus de trois ans.

Qu'est-ce qui s'est passé ?

C'était une personne détenue qui m'avait aspergée au moment du repas. J'ai ouvert la cellule et il m'a aspergée d'eau mélangée avec du savon.

« C'est quand même un métier pas facile. »

C'était quoi le but ?

En fait c'était sans aucune raison. Je pense que c'était une personne qui était un peu fragile on va dire psychologiquement. Peut-être que c'était un appel à l'aide ? Je ne pourrais pas expliquer son geste.

Tout à l'heure, on a été escortées par vos collègues agents, qui portent tous des gilets pare-lame…

On est tous tenus de porter le gilet pare-lame. Toutes les personnes qui rentrent en détention, les agents pénitentiaires qui rentrent en détention. Ça fait partie de notre dotation d'uniforme. On est tous tenus de porter le gilet pare-lame.

Le gilet pare-lame, c'est pour quoi ? C'est parce qu'un détenu...

... est capable de nous couper avec des lames, des armes artisanales, donc c'est pour notre protection. (Bruit d'une porte qui s'ouvre, se referme.)

Il y a des bruits de portes tout le temps ? C'est votre quotidien, les bruits de portes, de grilles ?

Oui, en fait on s'est tous accommodés au bruit. C'est vrai qu'on entend les portes claquer, les bruits de clefs, etc. Après c'est une question d'habitude. Vous, comme c'est la première fois que vous venez ici, ça peut surprendre mais on s'y accommode.

En prison, il y a la question de la surpopulation… Ici ils sont combien, par cellule ?

Y a des cellules doubles, ça veut dire qu'ils sont deux par cellule. Y a des cellules simples, où ils sont seuls. Y a des triplettes, où ils sont trois. Maximum quatre, quadriplette. Triplettes et quadriplettes, c'est des cellules qui sont beaucoup plus grandes. Elles font pas neuf mètres carrés, c'est des cellules qui sont faites de sorte à ce que ça puisse accueillir quatre détenus.

Mais quand ils sont deux, c'est dans une cellule de neuf mètres carrés ?

C'est ça.

La surpopulation carcérale, hormis le manque d'intimité évident, ça pose quels problèmes, en plus ?

Je pense que la promiscuité ça peut engendrer des soucis. Mais après en général on fait en sorte de mettre des personnes ensemble en cellule de la même tranche d'âge, des personnes qui…

S'entendent bien ?

Des personnes qui s'entendent bien, pour éviter qu'elles se battent entre elles. Par exemple, on va pas mettre un jeune majeur avec une personne d'une cinquantaine d'années parce que je pense que la cohabitation risque d'être difficile. En général, on fait en sorte de mettre des profils similaires. Puis comme je vous ai dit, ici on est dans le 92, donc beaucoup se connaissent.

Ah, ils se connaissent de l'extérieur ?

Ah oui, il y en a beaucoup qui se connaissent de l'extérieur, donc après ils peuvent demander à être ensemble en cellule. Je pense que ça rajoute une facilité pour la cohabitation.

Les parloirs, ce sont les moments où les détenus peuvent voir leur famille, qu'est-ce qui vous frappe le plus à ces moments-là ?

Moi personnellement ce qui m'émeut un petit peu ce sont les personnes âgées. Je pense qu'elles doivent prendre plusieurs bus ou plusieurs métros pour venir pour quarante-cinq minutes de parloir. Des fois y a des mamans qui pleurent parce que ça doit être quand même difficile pour elles de voir leur fils ou leur frère enfermé. Je me rappelle, une fois, il y avait une grand-mère qui venait voir son petit-fils pour la première fois. À la minute où elle l'a vu, elle a fondu en larmes, et ça m'avait quand même un petit peu touchée. Donc à la fin du parloir, j'ai dit à la dame : « Bon, courage, ça va aller, vous inquiétez pas. » J'essayais de la rassurer. Après elle m'a remerciée, beaucoup.
Et puis voilà, après, il faut quand même avoir un petit peu d'humanité puisque c'est quand même un métier pas facile, puis quand on voit ce type de réaction on n'est quand même pas insensibles non plus à ça.

Vous vous dites parfois : « Il y a du gâchis » ? Je veux dire, nous on ne les voit pas, les détenus, on ne voit que ce qu'ils ont commis en fait, on voit l'erreur. Mais vous, vous voyez l'humain.

Oui.

Du coup, est-ce que vous vous dites : « Là, typiquement, c'est du gâchis dans le parcours de cette personne » ?

Oui, parce qu'il y a quand même des personnes qui sont assez volontaires, qui se battent pour s'en sortir, qui ressortent d'ici avec des diplômes alors qu'ils ont arrêté l'école il y a des années, qui passent des formations, qui se battent pour avoir quand même un bagage à la sortie. C'est vrai que quand on voit ces personnes-là, qui sont quand même motivées, on se dit que s'ils n'avaient pas été en prison ils auraient pu faire ce qu'ils ont fait en prison mais dehors. Après malheureusement, c'est la réalité de la vie.

Est-ce que vous avez conscience, Shéhérazade, que votre métier, ce que vous faites dans la vie, est essentiel au bon fonctionnement de la société ?

Oui tout à fait, je pense que c'est un métier essentiel, même si malheureusement il n'est pas reconnu à sa juste valeur. Si on n'était pas là, les prisons ne tourneraient pas.

Merci beaucoup, Shéhérazade.

Je vous en prie, Salhia.

ESSENTIELLES

CLARA BRICHANT
Psychiatre

À la Maison des femmes de l'hôpital Bichat, Clara, psychiatre, prend en charge des femmes victimes de violences conjugales qui peuvent être en situation de précarité sanitaire et sociale. Chose rare, celles-ci bénéficient d'un parcours personnalisé auprès d'infirmières, de sages-femmes, de psychologues, de médecins, de juristes, d'assistantes sociales… Ici, les maux visibles et invisibles se soignent en équipe, et c'est ce qui anime Clara. Son engagement fort, au quotidien, c'est ce qui m'a marquée quand Paul, mon collaborateur, m'a parlé de cette amie de sa copine qui, après avoir ouvert son propre cabinet, est bien vite revenue à ses premières amours : l'hôpital public et le soin pour tous.

Les heures que Clara passe à la Maison des femmes de l'AP-HP, c'est autant de temps qu'elle retire à l'exercice de sa pratique privée, plus rémunératrice, lancée en 2020 après une quasi-décennie passée à l'hôpital à temps plein. Pas une fois, pourtant, elle n'en parle en ces termes. Elle est revenue à l'hôpital parce qu'elle ne pouvait pas se passer de cette mission d'intérêt général, c'est tout. Clara est très solaire, elle donne du fil à retordre au cliché du psy à lunettes mutique que l'on voit dans les films. Elle ressent un fort besoin d'expliquer son métier et me le décrit patiemment, à l'aide des notes qu'elle a préparées.

Non, il ne faut pas forcément être fou pour aller voir un psy. Psychotraumas, pathologies, troubles et symptômes, ce n'est pas la même chose. Oui, un psychiatre et un psychologue, c'est différent : Clara, d'ailleurs, est psychiatre et psychothérapeute. On retient que sa mission, c'est avant tout de protéger ses patientes et ses patients, que ce soit des autres ou bien d'eux-mêmes. Les crises, les explosions de violence, elle en parle comme d'une formalité, alors qu'il lui arrive d'être exposée à des situations dangereuses. Face à son dévouement, on se dit que, parfois, s'occuper des autres c'est aussi s'oublier soi-même. Et l'on se demande : Clara, finalement, comment se protège-t-elle ?

Entretien

Bonjour, Clara.

Bonjour, Salhia.

Je suis ravie de vous rencontrer. Vous êtes psychiatre à Paris. On est dans un service particulier de l'hôpital Bichat. Ça s'appelle la Maison des femmes. C'est ici qu'on accueille des femmes victimes de violences sexuelles, conjugales, psychologiques, mais aussi économiques. C'est quoi, une femme victime de violences économiques ?

C'est une femme dont le conjoint, dont le mari, s'immisce dans son autonomie financière, lui confisque, par exemple, sa carte bleue. Elle n'a pas accès à ses comptes,

Combien de femmes sont accueillies ici chaque jour ? Des femmes qui sont victimes de violences en général…

Je dirais qu'il y a plusieurs dizaines de femmes par jour, qui viennent rencontrer soit notre travailleuse sociale, notre infirmière, notre psychologue, moi-même s'il y a des besoins sur le plan psychiatrique, notre sage-femme. Elles ont aussi la possibilité de déposer plainte et elles sont accompagnées là-dedans par notre équipe. On a une permanence de police une fois par semaine pour des dépôts de plaintes qui sont organisés, prévus en amont, dans un cadre qui est sécurisant, rassurant pour les femmes.

> ***« Malheureusement, la violence touche toutes les catégories socioprofessionnelles. »***

elle n'est pas autonome dans la gestion de ses comptes bancaires. Elle n'a pas le droit de travailler, notamment, des choses qui existent encore à notre époque.

Dix femmes par jour qui arrivent ici à la Maison des femmes, ça fait beaucoup. Vous, vous les voyez défiler, ce sont des femmes qui ont quels profils ? Des classes sociales différentes, ou vous

avez remarqué un point commun parmi elles ?

Malheureusement, la violence touche toutes les catégories socioprofessionnelles, contrairement à ce qu'on pourrait penser spontanément. À ce niveau-là, il n'y a pas un profil type qui ressort.

Vous qui êtes psychiatre ici, à la Maison des femmes, comment prenez-vous en charge ces femmes ?

Moi, effectivement, je ne vois pas toutes les femmes qui viennent à la Maison des femmes puisqu'elles n'ont pas toutes forcément besoin d'avoir un psychiatre. Elles rencontrent d'abord une infirmière, une aide-soignante, une travailleuse sociale, qui évaluent avec elles leurs besoins, leurs demandes à elles, et puis qui évaluent aussi les besoins que les soignantes ont elles-mêmes repérés pour ces femmes-là. Et il peut s'avérer qu'elles aient besoin de rencontrer un psychologue et/ou un psychiatre, quand il y a des symptômes psychiatriques qui paraissent assez évidents, des femmes qui sont très déprimées, qui présentent ce qu'on appelle un psychotrauma, qui sont parfois dissociées également, qui ont parfois des crises suicidaires ou des problèmes d'addiction.

C'est quoi, la différence entre un psychologue et un psychiatre ?

Ça, effectivement, c'est une question qu'on nous pose souvent en tant que psychiatres. Il y a une grosse différence. Les psychologues ont fait des études de psychologie et les psychiatres ont fait des études de médecine. Ensuite, on se spécialise pour faire quatre à cinq ans d'internat de psychiatrie. On se spécialise dans les pathologies mentales.

Quand les femmes arrivent ici, elles sont dans quel état ?

Elles ne sont pas bien. Elles peuvent être dans des états qu'on appelle dissociatifs. C'est-à-dire des moments où elles sont présentes à l'entretien, mais elles vont se déconnecter de ce qui est en train de se dire et on peut les perdre en entretien.

C'est-à-dire que leur esprit s'est évadé ?

C'est-à-dire qu'elles ont vécu ou vivent des événements tellement traumatiques sur le plan émotionnel que leur cerveau ne peut pas tout gérer et a tendance à se déconnecter, un peu comme un disjoncteur dans un circuit électrique. Donc elles ont beau être présentes avec nous en entretien, tout d'un coup, on les perd.

Comment on prend en charge ces femmes traumatisées ? Parce que, la Maison des femmes les accueille en journée, mais elles ne dorment pas ici. Il y a un risque aussi qu'elles rentrent chez elles et retrouvent le compagnon, le mari violent…

Effectivement, on est vraiment juste une structure de consultation, d'accueil de jour. Donc on ne propose pas du tout de structure d'hébergement, on n'a pas de lits, on n'a pas de lits d'hospitalisation. En revanche, on travaille en réseau avec des associations et notamment des foyers d'hébergement d'urgence. On est amenés à évaluer le degré de dangerosité pour ces femmes. Quand ce degré est vraiment important, avec un risque de passage à l'acte du conjoint, on peut être amenés à contacter ces structures dans l'urgence pour mettre à l'abri ces femmes, les mettre en sécurité dans des foyers dont l'adresse est tenue secrète. Le plus important pour nous, dans un premier temps, c'est de les mettre en sécurité et de travailler le lien de confiance, l'alliance avec ces femmes qui justement, du fait de ce qu'elles ont vécu, peuvent être dans un lien de méfiance vis-à-vis des gens qui leur veulent du bien. Ça prend du temps, ça ne se fait pas effectivement en un seul entretien. Ce n'est pas tout le temps le cas, mais pour la majorité, ces femmes ont vécu des choses dans l'enfance, dans l'adolescence, qui font que… on ne les a pas aidées à se protéger, on ne les a pas suffisamment aimées. Et donc effectivement, elles n'ont pas appris à se protéger d'elles-mêmes, ce qui n'excuse absolument en rien l'horreur de ce qu'elles vivent. Mais il y a tout un travail qu'on est amenés à faire avec elles, de renarcissisation, de travail sur l'estime de soi.

Pourquoi avoir choisi aujourd'hui de vous occuper en particulier des femmes victimes de violences ?

Alors, en fait, il se trouve que moi, j'ai travaillé très longtemps à l'hôpital, dans des services d'hospitalisation universitaires et à l'hôpital psychiatrique, ce qu'on appelle le secteur psychiatrique. Et puis, en 2020, pour diverses raisons, j'ai souhaité quitter l'hôpital et m'installer en cabinet libéral. Mais au bout d'un moment l'hôpital m'a rapidement manqué. Et également je dirais que cette mission d'intérêt général, de service public, qui est de venir en aide à une partie de la population qui n'a pas ou peu de ressources, je trouvais que c'était important. La cause des femmes, forcément, j'y suis sensible. Et puis, du coup, je me suis intéressée plus précisément aux psychotraumas, aux troubles du stress post-traumatique, aux états dissociatifs que je décrivais tout à l'heure. Jusqu'à vraiment m'intéresser à ce que c'est concrètement que cette violence, comment elle s'installe au sein du couple, les conséquences que ça a sur les femmes. Voilà, des questions que je m'étais pas forcément posées auparavant quand je travaillais en psychiatrie.

Je vois dans le couloir, là, qu'il y a une affiche Atelier Karaté. Est-ce que c'est purement un loisir pour proposer une activité aux femmes afin qu'elles se défoulent, ou alors c'est vraiment pour qu'elles puissent apprendre à se défendre ?

Oui… non. C'est une activité qu'on appelle thérapeutique, pour travailler l'estime de soi, pour travailler la confiance en soi, remobiliser le corps, prendre conscience de son corps, de la solidité de son corps, de sa force.

Vous venez ici toutes les semaines, à la Maison des femmes, et en parallèle vous avez votre propre cabinet, où vous recevez d'autres patients, d'autres profils beaucoup plus larges, mais en fin de compte on ne sait pas comment ça se passe, une thérapie. Concrètement, vous prenez des notes, vous avez un dictaphone ? C'est le cliché qu'on a du psychiatre...

Alors, j'ai un ordinateur, j'ai un logiciel, ce qu'on appelle un logiciel métier, donc avec des dossiers patients, et je note ce qu'ils me disent. Effectivement, je note des choses pour m'en souvenir. Oui, bien sûr, il me faut une trame pour pouvoir réfléchir avec eux, me souvenir de ce qu'ils m'ont dit à la séance précédente et pouvoir réaliser un certain suivi.

« Le plus important pour nous, c'est de les mettre en sécurité. »

En moyenne, ça dure combien de temps, une thérapie ?

Alors ça, j'aurais du mal à vous répondre. Il y a différents courants de psychothérapie. Il y a la psychanalyse qui peut prendre plusieurs années. Ensuite, il y a des thérapies brèves qui se font sur quelques séances. Il y a la thérapie interpersonnelle, par exemple, qui fait partie des thérapies courtes, avec un objectif précis et donc un certain nombre de séances codifiées à l'avance.

Il entendait des voix qui lui disaient de faire du mal aux autres.

Et tout dépend aussi du problème qu'on a, j'imagine ?

Oui, bien sûr. Ça dépend de l'objectif et de la demande du patient. Ça peut aller de quelques séances à plusieurs années...

C'est toujours le psy qui décide de la fin d'une thérapie ?

Non, la fin d'une thérapie, ce n'est pas que le psy. Ça se décide en général idéalement à deux.

À quel moment, vous vous dites : « Les consultations, ce n'est pas suffisant, il faut penser à l'internement » ?

Alors l'hospitalisation… L'indication d'hospitalisation, c'est quand les symptômes psychiatriques sont vraiment trop importants. Ça peut être une crise suicidaire. On n'hospitalise pas forcément tous les gens qui ont des idées suicidaires, mais lorsque celles-ci sont présentes plusieurs fois par jour, qu'il y a une réelle volonté de passer à l'acte, qu'il y a même parfois un scénario qui est déjà décidé, qui est pensé par le patient.

Mais alors est-ce qu'on peut interner quelqu'un de force ?

Oui, tout à fait. Quand on considère que la personne ne peut plus décider elle-même de ses propres soins, du fait de son tableau psychiatrique, soit parce qu'elle est trop déprimée, soit parce qu'elle est trop délirante. On peut être amené à faire une demande de soins psychiatriques à la demande d'un tiers.

Ça peut être quelqu'un de la famille ?

Voilà. À la base, il faut bien évidemment rappeler que c'est une décision médicale et qu'on demande à un proche d'appuyer cette décision.

On l'a dit, une thérapie, ça peut durer des mois, voire des années. Est-ce que vous, par exemple, il y a des patients avec lesquels vous vous êtes liée ?

Ah non, pas du tout. Ça, ce n'est pas très déontologique ! Non, il faut bien évidemment garder une certaine barrière entre la vie professionnelle et la vie personnelle. Après, effectivement, il y a des patients qui nous touchent plus que d'autres et qu'on trouve particulièrement sympathiques et que… parce que ça vient résonner dans des choses… Pour diverses raisons, parce que ça résonne en nous. Et puis on a des liens qu'on tisse avec les patients. Il y a des suivis qui durent longtemps et il y a une vraie relation de confiance qui s'installe.

Ça vous est déjà arrivé de ne plus vouloir vous occuper d'un patient ?

De ne plus vouloir, alors non. Comme je vous dis, il y a des prises en charge qui sont plus compliquées que d'autres. Après, ce qui m'est déjà arrivé une fois, et ce fut une période difficile pour moi, c'est que j'ai eu une patiente que j'ai suivie pendant un certain temps, qui a cherché à s'immiscer dans ma sphère privée en contactant certains de mes proches. Et effectivement, quand je l'ai appris, j'ai mis fin brutalement au suivi.

Elle cherchait quoi ?

Je n'ai jamais trop su ce qu'elle cherchait, mais à me nuire manifestement. Volontairement, inconsciemment, je ne le saurai jamais réellement. Mais en tout cas, ça, ça a été un stop. Effectivement, j'ai dû mettre fin au suivi.

Mais dans ces cas-là vous prenez des mesures de protection, de sécurité ? Parce que si elle peut chercher à prendre contact avec certains de vos proches, elle peut aussi, je ne sais pas, moi, vous suivre ou aller un peu plus loin même ?

Oui, effectivement, ça faisait partie de mes peurs à l'époque : d'être suivie dans la rue, qu'elle sache où j'habite, etc. Oui, bien sûr.

Ça vous est déjà arrivé d'être menacée par un patient ?

Oui, bien sûr. À l'hôpital psychiatrique, en unité fermée, où on reçoit des patients qui sont souvent hospitalisés sous contrainte pour des troubles du comportement, qui sont très délirants, qui peuvent être très agressifs… On peut être menacé, on peut être insulté. Ça m'est arrivé quand même de me retrouver seule dans des situations compliquées. Je pense à un patient aux urgences, par exemple, de garde de nuit à 3 heures du matin, on est seule dans le bureau et il nous parle d'hallucinations qui le poussent à avoir des pulsions, ce qu'on appelle hétéro-agressives. Ça, ça m'est déjà arrivé.

C'est-à-dire qu'il voulait faire quoi ?

Il entendait des voix qui lui disaient de faire du mal aux autres.

Comment vous avez fait ?

Là, en l'occurrence, j'ai essayé de trouver une petite pirouette pour lui demander de sortir du bureau.

Et pour que des collègues viennent vous y retrouver ?

Oui, pour que je sois aidée par des collègues.
Ce que j'ai déjà eu à l'hôpital aussi, c'est une patiente que j'ai dû voir à la demande de l'infirmière dans une unité mère/bébé. Une patiente qui était très tendue, très agitée, très anxieuse, qui tenait pas en place et que j'ai voulu transférer dans une unité plus sécurisante pour qu'elle soit protégée. Et le temps que j'organise ça, elle a déboulé dans le poste de soins. J'étais en train de passer des coups de fil pour organiser le transfert et elle s'est jetée sur un gros flacon plein de médicaments qu'elle a tenté d'avaler devant moi. Donc, j'ai dû lui sauter dessus pour l'en empêcher physiquement. Ça, c'était pendant mon internat. Ça m'a marquée.

Qu'est-ce que vous dites aux gens qui ont honte de taper à votre porte parce qu'ils se disent : « Aller voir un psy, c'est être fou » ?

Oui, on entend souvent ça, qu'aller voir un psy, c'est être fou. (Rires.) Je pense que de toute façon il ne faut pas que les gens se sentent forcés d'y aller. C'est vrai que,

« Je rappelle qu'il y a 20 % des personnes qui traversent une dépression au cours de leur vie. »

souvent, on a des appels des familles, des proches, qui nous disent : « J'aimerais qu'il vienne vous voir. Est-ce que vous pouvez le recevoir ? » Et donc, je dis souvent : « Bien sûr que je peux le recevoir. Mais je pense qu'il faut que ça vienne de lui. » Et puis, il faut rappeler que les troubles psychiatriques, en termes de prévalence, c'est quand même important. Je rappelle qu'il y a 20 % des personnes qui traversent une dépression au cours de leur vie, donc une personne sur cinq. Ça, c'est quand même pas négligeable.

Est-ce que vous avez l'impression d'être suffisamment reconnue pour ce que vous faites ?

Je pense que les gens ne connaissent pas très bien en quoi consiste notre métier. Au quotidien, j'aime aider les gens, j'aime les écouter, j'aime m'intéresser à leur vie. J'ai la reconnaissance de mes patients… Pas toujours (rires), mais souvent, et ça, c'est important. Après la reconnaissance de la société, je ne sais pas… (soupir), je ne saurais pas dire.

Est-ce que vous avez conscience que votre métier, que ce que vous faites dans la vie de tous les jours, est essentiel ?

Oui, je pense. Oui, il y a des jours, il faut que je me le rappelle, mais globalement, oui, quand même, je pense être utile à beaucoup de patients, et ça, c'est sûr.

ESSENTIELLES

Clara Brichant

MARIE PAPET

Bénévole Restos du Cœur

Pas question qu'on prenne un taxi ! Marie insiste pour venir nous chercher en voiture à la gare. Elle nous embarque, Paul et moi, vers le centre des Restos du Cœur de Fleury-les-Aubrais, dans le Loiret, qui accueille mille familles par semaine et dont elle est la directrice. Quand la retraite a sonné, Marie, ex-cadre scientifique au CNRS, s'y est inscrite pour donner un peu de son temps. Quatre ans plus tard, c'est devenu son nouveau travail : un temps plein non rémunéré.

Marie n'a plus de profession au sens strict, mais son action au sein des Restos du Cœur, qui ont accueilli un million cent mille bénéficiaires au cours de leur campagne 2021-2022, est un métier essentiel par la force des choses. Avec le Covid, puis l'inflation, la grande précarité a explosé, et la fréquentation du centre avec elle. Alors Marie gère son centre comme on dirige une PME. Et comme elle ne veut pas se faire la voix unique d'une structure qui n'existe que par le lien social, elle m'emmène en visite et me présente les bénévoles, un par un.

Pour Coluche, les Restos du Cœur étaient voués à disparaître avec l'amélioration des conditions de vie des Français. L'inverse s'est produit et l'activité de l'association va bien au-delà du soutien alimentaire initié à l'hiver 1985-1986. L'entretien se déroule dans une salle de classe. « On donne aussi des cours de français », explique Marie. Dans une autre pièce, des femmes préparent des colis pour les nouveau-nés. Elles y glissent un doudou. Pour préserver la dignité, les petits gestes comptent, comme ces beaux habits soigneusement mis de côté pour les entretiens d'embauche… Les Restos du Cœur, en 2023, ont tout d'un service public. Marie a décidé de ne pas penser en ces termes. Elle se concentre sur sa mission : « Ils viennent chercher à manger, on essaie de trouver des solutions. »

Entretien

Bonjour, Marie.

Bonjour, Salhia.

C'est vous qui dirigez le centre des Restos du Cœur de Fleury-les-Aubrais, vous nous faites visiter ?

Avec plaisir. On y va…

Donc, là, c'est l'atelier légumes. On ne donne des produits qu'en très bon état, que nous, nous consommerions aussi. Faut pas croire qu'aux Restos du Cœur on donne des produits de mauvaise qualité, pas du tout. On est très stricts sur la qualité.

Vous êtes arrivée ici il y a quatre ans en tant que simple bénévole, qu'est-ce qui vous a donné envie de pousser la porte du centre ?

Ce qui m'a donné envie de pousser la porte du centre, c'est de faire du bénévolat qui ait du sens et d'essayer d'aider les autres. J'ai commencé comme ça un peu bénévole, à faire du tri de fruits, de légumes, enlever les feuilles tachées des poireaux, et puis vérifier les dates limite de consommation des yaourts de manière à pouvoir distribuer l'après-midi dans des caisses des colis alimentaires aux familles.

« Ce qui m'a donné envie de pousser la porte du centre, c'est de faire du bénévolat qui a du sens et d'essayer d'aider les autres. »

Vous avez fait ça tout en travaillant ?

Non. J'ai pas fait de bénévolat pendant que je travaillais parce que j'avais un métier de cadre, j'étais chef de projet, donc j'avais de quoi m'occuper largement. J'étais aussi mère de famille, j'ai deux enfants et donc j'avais assez à m'occuper. C'est à la retraite, lorsque je me suis retrouvée un peu plus libre, que j'ai eu envie d'aider les autres, mais aussi, d'être dans le concret.

Vous étiez cadre dans quel domaine ?

Alors j'étais chef de projet dans le domaine de la recherche. En fait, je suis une scientifique. J'ai fait un doctorat au CNRS. J'ai travaillé dans la recherche fondamentale tournée vers la médecine.

Alors après une grande carrière dans le domaine scientifique, vous vous êtes dit : « Il faut que je revienne à un truc un peu plus basique, à savoir donner à manger aux gens » ?

On devient pas bénéficiaire par choix.

Je crois que je n'ai jamais oublié, dans ma vie, le côté être bienveillant et tourné vers les autres, ça c'est sûr. Mais là encore plus, oui, j'avais envie de faire autre chose. En tout cas, pas le même public que celui que j'avais côtoyé pendant mon travail…

Marie, avec le Covid, avec l'inflation depuis trois ans, les Français sont secoués et attaqués à leur portefeuille. Résultat, ils sont de plus en plus nombreux à faire la queue ici, aux Restos du Cœur ?

Alors moi j'ai vu un grand changement ici, au moment du Covid en effet, où on a vu arriver des personnes qu'on n'avait jamais vues avant. Des personnes qui travaillaient par exemple dans la restauration, avec des petits boulots, qui se sont retrouvées du jour au lendemain sans job. Et là, on a vu arriver des intérimaires, des jeunes…

Des travailleurs qui n'arrivaient pas à finir leurs fins de mois.

Tout à fait. Nous, nous avions à cœur, aux Restos, c'est le cas de le dire, de rester ouverts malgré le Covid, parce qu'on s'est rendu compte que les gens avaient faim et qu'il fallait qu'on soit là pour servir. Et heureusement, parce qu'on a augmenté de presque 25 % la fréquentation du centre à ce moment-là.

Depuis le Covid, et ça continue avec l'inflation ?

Au niveau de notre centre, oui. Je vois que les loyers sont chers, l'énergie aussi a mis un coût supplémentaire sur la famille, et les gens ne s'en sortent pas avec ça aujourd'hui. On a pas mal de familles monoparentales, ici à Fleury, qui sont en difficulté : mais il y a aussi des retraités, des personnes seules qui ne s'en sortent pas. Et puis évidemment il y a aussi des jeunes salariés. On a d'ailleurs créé un jour spécial, le samedi matin, d'ouverture pour les jeunes salariés pauvres, finalement. Parce qu'ils pouvaient pas venir chercher à manger pendant la semaine du fait même qu'ils travaillaient, et donc on les reçoit le samedi matin. Sur l'ensemble du centre, on accueille à peu près mille familles, été comme hiver, et on a à peu près cent cinquante familles dont les parents sont des salariés qui s'en sortent pas.

Des étudiants aussi ?

Alors pas tellement dans notre centre, mais ça c'est une question géographique parce qu'on n'est pas sur la partie universitaire de la métropole. Mais effectivement, dans le centre des Restos du Cœur d'Orléans-la-Source, tout proche de l'université, on a ouvert également le samedi matin spécial pour les étudiants parce qu'on a énormément d'étudiants précaires qu'on a découverts avec le Covid. Tout ça, ça a été révélé, mais c'était déjà en place, en fait. Oui, oui, on a beaucoup d'étudiants aussi.

Comment devient-on bénéficiaire des Restos du Cœur ?

On ne devient pas bénéficiaire par choix (rires). Parce qu'on se retrouve dans une situation imprévue qui met les personnes en grande précarité. Les personnes qu'on reçoit ici mettent souvent du temps à se décider pour venir nous voir. Ça peut prendre des mois, parce qu'ils ont honte, mais après c'est un besoin de manger qui les pousse à venir. Alors on a des gens qui sont dans des galères déjà depuis un certain nombre d'années, et puis on a des gens qui sont dans des galères exceptionnelles : dans des situations de perte d'emploi, de divorce, de dépression… Voilà, ils perdent tout du jour au lendemain, et ils sont pas fiers de ça, donc avant de venir ici, ils doivent se l'avouer et puis se dire : « Faut y aller, quoi, j'en ai besoin »…

La question, c'est donc de savoir comment recevoir au mieux des personnes qui par définition n'ont pas envie d'être là pour vous demander de l'aide ?

Je peux citer un exemple. On a parfois des personnes qui arrivent chez nous, et qui ont, comme je vous le disais, mis du temps à se décider à venir, et qui tout d'un coup vont pleurer, vont s'effondrer devant nous. Donc, là, à nous d'essayer de trouver les mots pour leur dire : « Écoutez, vous avez bien fait de venir, on va vous donner à manger, on est là pour vous aider. On va juste vous poser quelques petites questions, essayer d'être factuels, et surtout maintenant on y va, on trouve une solution à votre problème… »

Ceux qui viennent ici viennent chercher à manger principalement, ça fait combien de repas par mois aux Restos du Cœur ?

On a mille familles accueillies, soit à peu près deux mille cinq cents personnes à nourrir par semaine, et on donne à chaque personne l'équivalent de six repas. (Pause.)

(Marie nous amène dans la pièce à côté, celle de la distribution de vêtements.)

Bonjour.

(Marie fait les présentations) Marie-Jeanne… Brigitte…

Bonjour ! Enchantée. Je suis journaliste, je viens m'intéresser à ce que vous faites ici aux Restos…

Femme : Vous êtes quel journal ? J'ai pas fait mon brushing ! (Rires.)

C'est pas grave, il n'y a pas de caméra ni de photographe ! (Rires.)

Femme : Là, on est en train de préparer les layettes pour les nouveau-nés qui vont arriver…
Des colis de naissance pour les futurs bébés.

Femme : (Elle confirme) Pour les futurs bébés des bénéficiaires des Restos.

C'est chouette, et donc y a plein de vêtements, jusqu'à quel âge ?

Femme : (Elle confirme) Zéro-six mois. Il y a des couvertures, un doudou, une gigoteuse.

Femme : Un petit peu de produits pour les mamans aussi. C'est important. Donc on habille les papas, les mamans, les enfants, les bébés, les grand-mères, les grands-

ESSENTIELLES

Marie Papet

“L’accompagnement des personnes, oui ça va au-delà de l’aide alimentaire.”

pères, tout le monde. (Rires.) Et puis alors le vestiaire c'est aussi un lieu où on parle beaucoup, avec les dames surtout. On décèle leurs petits problèmes, leurs petits soucis, que ce soit moral ou physique. Les petits soucis, maladies ou autres, ou des problèmes familiaux…

Ce qui est moins connu c'est que les Restos, en plus de l'aide alimentaire, des vêtements, aident les plus modestes à s'insérer dans la société. Ça passe par de l'accompagnement, expliquez-nous ça.

L'accompagnement des personnes, oui ça va au-delà de l'aide alimentaire. C'est-à-dire qu'on s'est rendu compte que les personnes qu'on accueillait aux Restos du Cœur cumulent un certain nombre de problèmes. Aujourd'hui ils ont faim, mais s'ils ont faim c'est parce qu'ils ont perdu leur logement, ils ont perdu leur boulot, ils ont eu un problème de santé… Et au final ces problèmes-là ne sont pas forcément réglés.

La santé, les aides au logement, l'accès à la justice… En fait, vous vous occupez de tout ça, on a l'impression que vous faites le travail du service public.

Non, loin de nous… Non, non, loin… Mais je vous rappelle qu'on est avec des populations extrêmement précaires. Nous on a des personnes qui ne sont pas allées à l'école. On a des gens qui sont démunis face à certaines démarches administratives. Moi j'ai la chance d'avoir fait des études supérieures, d'être débrouillarde, de pouvoir… de pas être gênée de prendre des contacts. Et bah allons-y, quoi, on en fait profiter les autres. C'est ça mon job. Si j'arrive à faire ça, alors je suis satisfaite.

Dans votre centre aussi vous organisez des sorties culturelles ? Et ça, c'est le petit plus.

Oui, alors c'est le petit plus, pour moi c'est un accès primaire. Une fois qu'on a réglé l'alimentation, les vêtements, l'estime de soi, la coiffure, qu'on leur a appris à parler français avec les cours de français, qu'on leur montre l'accès Internet avec les cours d'informatique, qu'on les aide à retrouver un emploi avec les bénévoles qui travaillent sur le retour à l'emploi, tout ce panel de services qu'on a mis en place ici de façon importante à Fleury-les-Aubrais, eh bien effectivement, on y va, quoi. Et l'accès à la culture c'est un véritable droit, enfin pour moi en tout cas, et c'est pas anecdotique. Je pense qu'ils y ont droit, que tout le monde a droit d'avoir accès à la culture. Ils ont pas les moyens de se payer une visite d'un château, d'un musée, d'aller voir un spectacle, d'aller au cinéma. Et puis c'est créer du lien avec eux. Au mois d'août de l'année dernière, par exemple, on a amené un car de cinquante personnes visiter le musée du Louvre. On avait la majorité des personnes avec nous qui n'étaient jamais allées à Paris. Bon, on arrive au Louvre, on a pris un vrai guide. Un vrai guide, public, qui leur a montré les tableaux. Et on a eu des gens passionnés, tellement heureux qu'on leur offre un vrai guide qui va leur montrer les tableaux de Vélasquez et Picasso, qui va leur expliquer, et chacun buvait ses paroles. Autant dire que quand les gamins sont rentrés le lundi à l'école, ils avaient des choses à raconter. Le jour où on les amène comme ça, ils sont pas « Restos du Cœur ». Ils sont beaux, ils ont mis leurs beaux habits, les filles se sont mis du vernis à ongle. C'est formidable. Et ils reviennent, ils ont le sourire, ils ont des choses à raconter. Pour moi, c'est quelque chose de valorisant, pour eux de distrayant également. Leur vie est morose, c'est galère tous les jours. Je veux dire, tous les jours tout est compliqué, et là on leur redonne un petit peu de joie.

Marie, quand il lance les Restos en 1985, il y a près de trente-huit ans maintenant, Coluche parlait de lancer une « petite idée comme ça ». C'était sa formule pour créer une cantine gratuite pour aider les plus pauvres. Une petite idée qui n'était pas censée durer… De ce point de vue c'est un échec ?

Alors c'est un échec… bien sûr, il faut s'inquiéter de voir que, non seulement ça existe toujours, mais qu'on a de plus en plus de familles précaires qui ont besoin de nous. De ce point de vue, c'est un échec, c'est sûr. Après, quand je vois le travail des bénévoles et l'implication des Français vis-à-vis de ce travail-là, d'essayer quand même d'être solidaires, c'est plutôt positif.. Alors en effet si on refait l'histoire, Coluche c'était une autre époque : l'hiver on faisait à manger dans la rue pour qui avait faim, sans demander quoi que ce soit d'ailleurs. Ça a démarré comme ça, y avait pas de locaux, y avait pas de… Et puis après, petit à petit, ce qui devait durer un mois s'est prolongé plus avec des fonds qui ont été recherchés, puis trouvés parce qu'il y a eu une grosse mobilisation à ce moment-là. Petit à petit on s'est rendu compte que c'était pas juste l'hiver 85/86, c'était peut-être l'hiver d'après également. Et puis petit à petit peut-être pas que l'hiver, parce que l'été c'était aussi un sujet, de donner à manger.

Et là, 2023, c'est toute l'année, et pas que l'alimentaire, c'est toute la protection ?

C'est toute l'année, toute la protection, quatre jours par semaine, voilà. Mais vous savez, quand vous recueillez une maman qui sort de la maternité, qui vient nous voir avec un bébé sur elle, qu'elle a depuis la naissance parce qu'elle a pas de landau, et que le bébé est nu parce qu'elle a pas de vêtements, je veux dire… On y va, quoi. C'est juste des situations intolérables. Et nous, les petits bénévoles, très humbles, si on arrive à débroussailler une histoire aussi compliquée que ça, c'est chouette.

Vous vous rendez compte, Marie, que ce que vous faites tous les jours ici, aux Restos du Cœur, c'est essentiel ?

(Elle soupire.) Je sais pas si c'est essentiel. Essentiel, je suis plus humble que ça, c'est normal pour moi. C'est normal… Oui c'est très important, je pense que c'est très important. Essentiel… (rires), j'espère. Si j'arrive à faire quelque chose d'essentiel je suis fière de moi. (Rires.)

Merci, Marie.

Merci, Salhia, de votre écoute.

ESSENTIELLES

Marie Papet

ANNE FLEURY

Éboueure

Les médias s'intéressent peu aux éboueurs quand ils sont tout sourires, comme Anne ce matin. La colère, les grèves à rallonge, les montagnes de déchets, voici ce qui fait la Une. Dans cette profession, on ne sort de l'invisibilité médiatique que lorsqu'on cesse de travailler, alors Anne a hésité à me rencontrer. Elle avait peur de mal s'exprimer mais son chef l'a encouragée : « C'est pour parler du métier ! » À cinquante-huit ans, elle s'est reconvertie, il y a cinq ans, après une décennie à travailler chez un primeur. Réussir le concours de la Mairie de Paris lui a changé la vie. Anne est fière d'être éboueure : « J'aime mon travail, et le vert me va bien ! »

On marche toutes les deux derrière le camion-poubelle, Anne me détaille sa routine. 4 h 50, tous les matins : à l'heure des sorties de boîte, les binômes s'assemblent et s'en vont nettoyer les rues de Paris, en se penchant sur un balai ou en soulevant des bacs très lourds. Éboueur, c'est un métier masculin, historiquement attribué à un public d'immigrés peu qualifiés, mais ce milieu évolue et Anne y trouve son compte. Un petit café partagé avec les collègues adoucit les tâches pénibles et la douche chaude prise sur place signale que la journée s'achève. Les jours, d'ailleurs, semblent un peu plus longs à Anne, depuis que les premiers décrets d'application de la réforme des retraites lui ont imposé, tout à coup, deux ans de travail supplémentaires.

Cent quatre-vingt-six kilos de déchets ménagers sont produits par seconde en Île-de-France, alors Anne se doute bien que son métier est essentiel, même si elle fait face, chaque jour, aux avis des autres, qu'ils expriment du dédain, de l'agacement, des encouragements ou de l'indifférence. Anne les aperçoit, ceux qui souillent le sol devant elle ou visent à côté de la poubelle. Elle les observe en retour. Et elle raconte, avec son humour caractéristique…

Source : Observatoire régional des déchets

Entretien

Le camion arrive, là... Bonjour, Anne.

Bonjour, Salhia... Oui, le camion arrive... C'est parti !...
(Anne saisit une des poubelles alignées sur le trottoir.)

Ce geste-là, de prendre une poubelle dans la rue pour l'amener à la benne dans votre camion et la vider, vous le faites combien de fois dans une tournée, Anne ?

Oh alors là je peux pas vous dire. Cent, deux cents fois, parce que parfois j'ai des tournées à deux cents, quatre cents bacs, donc autant de bacs, autant de gestes.

La tournée, elle dure combien de temps ?

La tournée, elle dure une heure et demie, deux heures, ça dépend des secteurs. Et des fois, y a des grosses tournées, y a des grosses poubelles qui sont bien lourdes. Mais ça va, on est deux et on y arrive.

Je vois que vous êtes bien équipée : un gilet jaune, une tenue complète de protection, des gants. C'est pour éviter de vous blesser ?

Exactement. Des fois, y a des bacs qui peuvent tomber, donc là ça fait un petit peu mal. Tout à l'heure vous avez bien vu qu'il y a un bac qui est tombé parce qu'il est en mauvais état. Et les gants, bah, on attrape quand même pas mal de souillures, y a quand même un minimum d'hygiène à avoir.

Là, on est rue Daubenton, dans le 5e arrondissement de Paris. Vous voyez un peu ce qu'il y a dans les poubelles ? Est-ce que les poubelles, ça dit quelque chose de la population du quartier ?

On voit oui et non, parce qu'on s'amuse pas à ouvrir tous les bacs. Franchement, moi, je suis pas à « biffer ». « Biffer », dans notre jargon, c'est fouiller les poubelles pour récupérer des choses. Mais moi ça ne m'intéresse pas du tout. Mon travail c'est de vider les poubelles et point-barre, quoi.

Mais les poubelles, elles sont différentes d'un quartier à un autre ?

Ah c'est pas les mêmes... marques, on va dire.

C'est-à-dire ?

Bah il y a plus de Leader Price là, ou y a plus de Carrefour, enfin c'est...

Ah, vous voyez dans les poubelles si les habitants sont un peu plus aisés ou pas ?

Ouais c'est ça, plus aisés. Par contre, des bacs qui sont pas triés, ça on en voit assez souvent et dans tous les quartiers. Du style, les poubelles jaunes où il y a que du carton, les gens mettent parfois du verre etc.

Ça, ça vous rend dingue ?

Ça, ça me rend dingue, oui, parce que c'est pas correct, et puis quand ça arrive au centre de tri, c'est ni fait ni à faire, quoi !

Est-ce que c'est vrai que même si on trie nos déchets chez nous, même donc dans les poubelles jaunes, vertes et tout ça, en fait finalement, au centre de tri, eh bien tout est à nouveau re-mélangé ?

Ah non, pas du tout ! Parce que les déchets verts, ils ont un exutoire. Un exutoire, c'est là où les camions vont vider. Ils ont un exutoire spécial. Et pour les multimatériaux, les poubelles jaunes, elles vont à un autre garage pour brûler les déchets. C'est complètement différent...

Là je vous vois depuis tout à l'heure pousser des poubelles qui sont plus ou moins lourdes... En moyenne c'est combien de kilos ?

Alors là, c'est une bonne question. Normalement on peut porter jusqu'à quarante kilos, nous les femmes, mais bon je pense qu'elles font plus que quarante kilos. Le pire, c'est les poubelles de glace des poissonniers, ça c'est horrible ! C'est des bacs à je sais pas combien de kilos, mais généralement à deux on y arrive, et des fois même des grands bacs de six cents litres, le conteneur n'arrive pas à lever tellement c'est lourd.

Il faut le dire, si vous le permettez : vous avez cinquante-huit ans, Anne, et vous faites ce métier depuis cinq ans et demi...

Depuis cinq ans et demi. Ouais.

Mes filles sont fières.

Donc, ça veut dire qu'à plus de cinquante ans, vous vous êtes dit : « Allez, je vais être éboueure. » Pourquoi ?

Ouais parce que dans mon ancien travail, ça n'allait plus. J'allais au travail, je pleurais. Je revenais du travail, je pleurais. Donc à un moment donné, on dit stop.

Vous faisiez quoi ?

J'étais chez un primeur à Châtelet... En fait, j'ai lié connaissance avec les éboueurs qui passaient dans la rue chaque semaine. Et quand ils ont su que ça n'allait pas très bien et que mon patron vendait son affaire, ils m'ont dit : « Viens, passe le concours à la Ville (de Paris), ils recherchent des éboueurs. » J'ai dit : « Bah oui, pourquoi pas ? »

Vous n'avez pas eu peur ?

Non pas du tout, et puis moi j'aime bien... je suis quelqu'un qui bouge assez. Je suis plutôt d'extérieur que d'intérieur. C'était alimentaire surtout, parce que j'étais seule avec mes enfants, donc euh... je vais pas faire pleurer dans les chaumières mais il faut bien subvenir à ses besoins, donc c'était ça, et puis...

Et puis y a pas de sots métiers...

Non, y a pas de sots métier ! Mes filles sont fières. Elles me le disent.

Alors à quoi elles ressemblent, aujourd'hui, vos journées, c'est quoi une journée type ? Là par exemple, ce matin, vous vous êtes réveillée à quelle heure ?

Je me lève il est... 4 h 50. Je me prépare et à 5 h 30 je pars de la maison. J'ai la chance de pas habiter trop loin de mon lieu de travail, c'est une très très grande chance.

C'est pas le cas de tous les éboueurs ?

Non, non pas du tout.

La plupart habitent en banlieue, c'est ça ?

Ah oui, oui, très loin. J'ai des collègues qui habitent dans le Loiret…
Mon binôme par exemple, il habite en Seine-et-Marne. Il met une heure, une heure et demie pour venir, enfin c'est assez compliqué…
Moi, je pars à 5 h 30, j'arrive à l'atelier, je me prépare. Comme ça, on a le temps de papoter avec les collègues un petit peu avant, et à 6 h 10 c'est la mise en route. Alors soit on va au balai, on a des cantons bien définis, soit on va à la benne.

Au balai, ça veut dire que vous êtes dans les rues et que vous balayez tous les déchets qui jonchent le sol ?

C'est ça. On a notre roule-sac, la pince, la pelle, le balai, et hop, vas-y.

Et sinon, la benne ?

Ramassage des poubelles, jaunes ou vertes. Et l'après-midi, on passe dans d'autres cantons un peu plus éloignés parce qu'on traite aussi vers la gare d'Austerlitz. Et y a les déblaiements de marchés aussi, y a une équipe qui est au déblaiement de marchés.

Et votre journée, elle se termine à quelle heure ?

Quand je suis de 6 heures, à midi moins le quart, midi, on peut être partis. Et quand on finit à 17 heures, à 16 h 45 on part de l'atelier, on va prendre notre douche. Enfin on a la possibilité de se laver et puis avec le travail que l'on fait, c'est quand même mieux de se laver ici.

Vous avez toujours un binôme ?

Ouais.

Forcément un homme ?

Euh, oui.

C'est un plus d'être en binôme avec un homme quand on est éboueur femme ?

Ah oui, oui, oui. Bah oui surtout déjà enfin Surtout pour les bacs lourds, quand y a un problème des fois dans la rue parce que le matin on sait pas sur qui on peut tomber, hein, parce qu'il y a des gens un peu bizarroïdes…

On peut vous agresser le matin tôt ?

Bah y a des gens, oui, des sorties de bars, des sorties de boîtes… Des fois des gens qui viennent vous voir, enfin ils ont pas l'air très très…

Nets ?

Nets, oui, et voilà enfin moi je suis plus en sécurité comme ça.

Ça vous est déjà arrivé de vous faire agresser dans la rue le matin ?

Pas agressée, mais suivie. C'était au tout début, dans mes premiers jours d'éboueure, je faisais un canton, là sur la rue Daubenton, et il y avait un mec qui faisait les voitures, je sais pas il traficotait les portières. Je l'ai regardé, il m'a regardée, puis j'ai vu qu'il allait vers moi donc j'ai fait demi-tour et je

ESSENTIELLES

Anne Fleury

“Ils voient quand on travaille pas, mais ils voient pas quand on travaille.”

suis rentrée à l'atelier parce que j'ai eu peur.

Vous avez fui ?

Oui j'ai fui. (Pause.)

Tous les jours Anne, vous sillonnez les rues de Paris, vous ramassez les déchets, vous ramassez les poubelles des habitants. Est-ce que vous sentez un regard particulier des gens dans la rue quand vous faites votre travail ?

Oui, enfin y a des hommes, enfin même des femmes, qui nous disent : « Ah, chapeau, madame, c'est bien, madame, vous avez du courage. » Bah oui on a du courage, de toute façon faut bien travailler et puis y a aussi que, entre guillemets, les femmes travaillent mieux que les hommes. On est plus pointilleuses, pour la propreté.

C'est vrai ?! (Rires.)

Et là y a des riverains, ils le remarquent. Quand on en parle à nos collèges hommes, on se charrie !

Vous, quand vous ramassez, vous ramassez tout, vous laissez pas... vous laissez rien d'autre ?

Oui, oui, des fois je suis un peu trop dans mon salon... (Rires.)

C'est vrai que la mairie de Paris a mis en place une appli pour permettre aux riverains de signaler des encombrants ou des incivilités en terme de déchets, l'appli s'appelle « Dans ma rue », mais qu'en fait les Parisiens s'en servent surtout pour dénoncer tel ou tel agent, qui fait une pause, par exemple ?

Ouais, parce que les gens voient quand on travaille pas, mais ils voient pas quand on travaille. Exemple, cet hiver on s'est arrêtés, avec mon collègue, prendre un café parce que bon quand il fait un peu froid on va quand même se réchauffer, on va se prendre un café, et ça les gens ils le voient.

Et alors du coup ils vous regardent différemment avec votre café à la main en tenue d'éboueurs ?

Ah oui là, c'est carrément un regard de dédain, de mépris. Enfin, l'air de dire : « Ah, ils sont payés à rien foutre, quoi ! Des fonctionnaires, ils sont payés à rien foutre, c'est nos impôts... » Bah oui, tout le monde paie des impôts, moi aussi !

Vous le ressentez, ça, au quotidien, ce dédain social ? Des gens qui passent et vous regardent un peu avec mépris parce que vous êtes éboueure ?

Oui, mais surtout de la part des femmes.

Ah ouais ?

Ah ouais, ouais, les jeunes femmes, celles qui sont pomponnées, là... Des fois, elles vous regardent de haut là et moi ça me... enfin bref, après on part, c'est pas grave, mais si on était pas là, sa poubelle elle serait pas vide, hein, la petite dame ! Moi je suis fière de faire ce que je fais. J'aime mon travail. Le vert me va bien, en plus. (Rires.)

Je confirme !

En plus, c'est une couleur à la mode cet été. Donc, on est à la mode.
(le camion-poubelle continue sa tournée. Anne essaie de le rattraper en sautant sur la marche à l'arrière qui sert d'appui aux éboueurs pour se reposer entre deux ramassages.)

La marche, elle est haute, hein, quand même ?

La marche est très haute. Des fois selon l'inclinaison des rues, elle m'arrive au-dessus du genou, alors là c'est un peu pénible pour moi. Alors je demande au chauffeur qu'il avance un peu le camion et puis, je peux monter. Mais c'est arrivé plusieurs fois que le camion est parti sans moi parce que…

Il vous a oubliée ?!

Non, mais parce que moi je suis pas assez rapide enfin je suis pas un petit cabri, hein ! J'ai mon âge, alors moi je monte quand le camion est là et je descends que quand il s'arrête vraiment, je ne saute pas en route. Donc si le camion, il part et que je suis pas derrière, bah il part, tant pis.

Donc vous ramassez les poubelles, mais vous pouvez aussi passer le balai dans les rues, toujours dans le même secteur, ici dans le 5e arrondissement de Paris. Est-ce que vous avez l'impression que les passants respectent votre travail ?

Oui et non. Ça dépend des rues. Y a des rues où les gens sont respectueux de notre travail et d'autres rues par exemple, on va la faire et bah vous pouvez repasser deux secondes après, y a autant de papiers. Quand y a eu les masques pendant le Covid, c'était incroyable le nombre de masques qu'on a pu ramasser, c'était affolant.

Les gens jetaient leurs masques dans la rue ?!

Ah oui, carrément, même sur le trottoir. Mais parfois, il y a des gens qui sont là avec leurs cigarettes et ils balances le mégot devant vous.

Alors que vous êtes avec votre balai ?

Voilà. L'air de dire : « T'es là, tu ramasses. » Je veux bien, mais il y a l'art et la manière. Oh vous voyez ça, là par exemple ?

Ouais… c'est quoi, ça ?

Bah, ça c'est… voilà, c'est des gens.

Y a plein de sacs poubelle autour d'une poubelle… Et là, vous êtes obligée de les ramasser même si c'est pas trié, même si c'est en vrac ?

Ah oui, oui.

Pendant la contestation contre la réforme des retraites, vous, les éboueurs, vous vous êtes fait remarquer parce que pendant plusieurs jours vous avez fait grève et notamment à Paris, où on a vu des montagnes de poubelles s'amonceler dans les rues. Le but c'est de montrer que quand vous êtes pas là, en fait ça marche pas…

Voilà. Si on n'est pas là, bah je suis désolée,

> *« Personnellement j'ai pas fait grève parce que du point de vue des moyens, je ne peux pas me permettre. »*

la merde s'entasse, enfin les poubelles sont là et il n'y a personne pour ramasser. Nous, après la grève, on a récupéré nos secteurs, on a récupéré notre travail, on a fait des rues de deux cents mètres toute la matinée parce qu'il y avait tellement de détritus qu'on a eu des problèmes, surtout parce qu'il y avait des asticots sous les sacs. Bah oui, les sacs étaient à terre, donc ça a macéré. Je me rappelle, je soulève un sac et je dis à mon collègue : « Regarde, y a du riz par terre, là… » Il me dit : « T'as déjà vu du riz qui bouge, toi ?! C'est des asticots. » Y en avait mais… plein ! C'était dégoûtant. Personnellement j'ai pas fait grève parce que du point de vue des moyens, je ne peux pas me permettre. Mais si j'avais été à deux dans mon couple, oui pourquoi pas, mais là toute seule non je peux pas.

Vous êtes mère célibataire ?

Voilà.

Et pourtant la réforme, elle a une incidence sur vous ?

Ah bah moi j'ai deux ans de plus, ça c'est clair !

Donc, vous partirez à la retraite à quel âge ?

Bah, si tout va bien à soixante-trois ans et six mois, donc ça me fait encore quelques années, j'espère les faire tranquillement à l'atelier et puis…

Parce qu'on ne peut pas soulever des poubelles à soixante-trois ans, c'est pour ça ?

Bah c'est des gestes répétitifs, quoi. C'est surtout le dos, les épaules, les articulations, les tendinites. Mes collèges, il y en a qui font ça depuis trente ans, ils sont là, quoi.

Ils sont cassés ?

Ah y en a qui sont cassés, ouais. Mais bon ils le font, hein, pas le choix.

Il y a vous, les éboueurs, mais il y a aussi les soignants, il y a plusieurs professions comme ça qu'on a saluées pendant le Covid, où on s'est rendu compte de l'importance que vous aviez dans notre société, et là, maintenant bah c'est plus le cas, on a presque oublié…

Parce que pendant le Covid, comme les gens pouvaient pas sortir, ils se sont rendus compte de notre importance, mais maintenant on se fond dans le paysage, donc c'est revenu à la normale.

Et ça, vous le regrettez ?

Un peu.

En vous écoutant, on comprend la difficulté de faire votre métier… Combien vous gagnez aujourd'hui, Anne, pour faire ce que vous faites tous les jours ?

Je tourne à 1 800, 1 700-1 800 net. Moi je me plains pas trop parce que par rapport à ce que je gagnais avant, franchement… J'ai été pendant douze ans au même salaire.

Et vous gagniez combien, avant, chez le primeur ?

1 300 euros. Mais il fallait que je change, il fallait que je me retrouve une zénitude parce que j'étais trop nouée, franchement j'en pouvais plus. Je serais restée dans mon ancien travail, peut-être, à l'heure actuelle, je sais même pas si je serais là parce qu'il m'a tellement miné le moral qu'être là, à la Ville maintenant, c'est « pfiou », rien à voir.

Être éboueure vous a fait revivre ?

Ah oui, oui, tout à fait, ça me plaît, je suis bien. Après, bon, si je peux gagner 2 000 euros, je ne suis pas contre.

Une petite augmentation…

(Rires.) Voilà.

Est-ce que vous vous rendez compte, Anne, que ce que vous faites est essentiel ?

Ah oui, quand même parce que si on n'est pas là, on a bien vu, hein, ça s'entasse vite et après y a quand même l'insalubrité, les rats qui arrivent… Je suis fière de ce que je fais.

Merci, Anne.

Merci, Salhia.

ESSENTIELLES

Anne Fleury

ÉLISE YAMANI
Juge d'instruction

L'agent de sécurité du Tribunal de grande instance de Lyon me demande avant de passer le portique à l'entrée si je transporte des objets dangereux, comme si j'allais lui répondre « Oui bien sûr ! » du tac au tac. Je lui dis que je suis journaliste et il m'indique en riant « l'entrée des artistes ». Lorsque je passe la porte du bureau d'Élise Yamani, au sixième étage, l'ambiance bascule, Élise se méfie. Elle m'a cherchée sur Google pour savoir à qui elle allait avoir affaire, tient ses pages de notes surlignées, pèse chaque mot. Réflexe de magistrate, elle commence souvent ses phrases par « Selon le droit… ».

Dans ce bureau du sixième étage, tout est carré, il y a des livres de droit partout. Une seule fantaisie : la petite photo dédicacée de Julien Doré, « Lui je suis fan et je l'assume ». Élise est juge d'instruction en charge de la grande délinquance économique et financière : elle s'occupe d'affaires de blanchiment d'argent complexes, internationales, souvent liées à d'autres crimes comme le grand banditisme, le terrorisme ou la diffusion d'armes. Son quotidien, c'est enquêter, élucider, trancher. Elle ne se met jamais en avant.

Élise ne parle pas aux médias - « pas comme les avocats » - mais elle identifie un réel problème de méconnaissance de la justice en France, et les critiques sur une justice française qui serait laxiste et mal rendue l'agacent tant qu'elle a accepté de faire une exception. Avant, Élise était juge d'application des peines. Elle a dû se confronter à des cas de viols. Lorsque je lui demande si certaines affaires l'ont marquée, les larmes lui montent aux yeux. Elle se ressaisit tout de suite et raconte sans flancher - par pudeur, et puis parce que, on le comprend, elle ne doit en aucun cas montrer ses sentiments. Un peu comme la justice…

Entretien

Bonjour, Élise.

Bonjour, Salhia.

On est au tribunal judiciaire de Lyon. Vous êtes ici juge d'instruction pour les affaires économiques et financières, mais vous avez eu d'autres spécialités, dans votre parcours professionnel. On va en parler… Mais avant, quand on parle d'affaires économiques et financières… on parle de quoi ?

Il s'agit de la grande délinquance économique et financière, généralement des infractions liées au blanchiment en bande organisée, liées à l'escroquerie en bande organisée, aux atteintes à la probité, aux faux virements, ce type de choses.

Vous, vous êtes juge d'instruction. C'est quoi, votre rôle, dans tout ça ?

Comme le juge d'instruction du droit commun, le juge d'instruction dans la grande délinquance économique et financière dirige les enquêtes. C'est un juge indépendant et en dirigeant les enquêtes on peut faire des auditions, on travaille avec des partenaires, avec les policiers, avec la douane, avec les gendarmes. Et c'est avec ces enquêteurs qui sont spécialisés dans les affaires économiques et financières que l'on travaille pour rechercher s'il y a eu, ou pas, infraction. Le juge d'instruction peut également faire des expertises, peut faire des écoutes, utiliser des méthodes d'enquête. On a des dispositifs d'enquête qui sont également spécialisés dans ce type d'infractions complexes et souvent à volet international.

Vous, en tant que juge d'instruction, comment vous menez une enquête ? On dit qu'il faut la mener à charge et à décharge. Ça veut dire quoi ?

À charge ou à décharge, ça veut dire qu'on recherche la vérité. Et dans cette recherche de ces éléments, les résultats vont être soit à charge, soit à décharge. Admettons une infraction de vol avec arme. Le travail du juge d'instruction, avec l'aide de ses

> ***« Le travail du juge d'instruction, ça va être effectivement de ne pas être dans un couloir idéologique. »***

enquêteurs, ça va être de dire : « Est-ce qu'il y a eu vol ? Est-ce qu'il y a eu existence d'une arme ? » Si on fait des recherches et qu'on voit finalement que les témoignages, que les vidéos, que ce type d'enquête vont nous dire : « Mais en fait, il n'y a jamais eu d'arme », bah voilà, c'est un élément qui va être à décharge.

> *Les gens vous ouvrent leur intimité, leur souffrance, C'est intrusif.*

En fait, on est sur les faits, rien que les faits, mais parfois est-ce que vous, vous avez envie de prendre parti, d'essayer de trouver les éléments qui peuvent prouver la culpabilité de quelqu'un, parce que vous en êtes convaincue, vous en avez l'intuition ?

En fait, une enquête, si vous voulez, au départ, elle part toujours d'une hypothèse. L'infraction s'est produite, on établit une hypothèse et on va rechercher. Il ne faut jamais oublier que cette hypothèse, elle doit être vérifiée. Le travail du juge d'instruction, ça va être effectivement de ne pas être dans un couloir idéologique ou dans un couloir de pensées. Et ça, c'est justement la richesse du métier. C'est ce que j'aime dans ce métier, c'est-à-dire qu'on recherche, on est curieux, on a des hypothèses, des contre-hypothèses, avec les enquêteurs, et on chemine. Un peu comme quand vous jouez au Cluedo. Là, on recherche tout le temps, on est curieux, on doute, c'est le métier, et on avance petit à petit en jaugeant la force probante des éléments qui sont au dossier.

Sur votre spécialité, est-ce qu'il y a une tendance dans le blanchiment d'argent ?

On peut avoir des systèmes de blanchiment d'argent comme des systèmes de collecte d'argent qui vont servir à quoi ? Qui vont servir à blanchir l'argent des stupéfiants, qui vont servir à avoir aussi un mode de financement pour les liées aux stupéfiants, pour les organisations criminelles liées au financement du terrorisme, liées à la diffusion des armes ? Ce type de choses, on ne le voit pas tout de suite, mais c'est un réseau qui permet d'alimenter financièrement d'autres grands délits ou d'autres grands crimes.

Là, vous enquêtez sur des affaires financières, mais pendant votre carrière vous avez déjà dû aussi enquêter sur des crimes, des meurtres, des viols ?

Oui, tout à fait, à deux reprises. Dans mon parcours, dans ma trajectoire, j'ai déjà été juge d'instruction dans des petits tribunaux. Donc effectivement, j'ai eu à suivre, à diriger des enquêtes, soit de délits complexes, soit de crimes.

Est-ce qu'il y a une affaire qui vous a particulièrement marquée pendant cette période-là ?

Je me souviens de victimes d'abus sexuels sur des enfants, alors on entend aussi les parents. Je me souviens des parents dans une affaire en particulier où, quand je pose la question à la maman : « Et vous, madame ? », elle me dit : « Moi aussi, j'ai été victime d'abus sexuels. » (Émue.)
Les gens vous ouvrent leur intimité, leur souffrance, et parfois vous-même, en tant que juge d'instruction, vous allez la chercher. C'est intrusif.

Vous avez été juge aux affaires familiales aussi. Est-ce que cette spécialité est la plus difficile ? Parce que vous rentrez

encore plus dans l'intimité des gens...

Je ne sais pas si on entre encore plus dans l'intimité des gens quand on est juge aux affaires familiales. Parce que quand vous êtes juge à l'instruction et que vous devez demander à une victime : « Vous étiez dans quelle position quand il vous a pénétrée ? », là, on est aussi dans l'intimité. La différence, c'est qu'au pénal, quand on recherche la caractérisation d'une infraction, quand on recherche comment ça s'est passé ou comment on pourrait essayer d'aboutir à quelque chose, là, on est intrusif du fait de la loi. Aux juges aux affaires familiales, les gens nous apportent leur intimité.

Vous, émotionnellement, comment vous le vivez, à ce moment-là ? Comment ne pas se laisser aller ?

Déjà, on a la loi qui nous protège, qui nous dit quel type de rôle on doit avoir. Après, on fonctionne aussi en équipe. Un juge d'instruction n'est jamais seul, il est avec son greffier. La fonction de magistrat, quels que soient les types de fonctions, même celles que je n'ai pas exercées, ça vous met toujours en prise directe avec la souffrance et l'intimité de la souffrance des gens. Ça, pour moi, c'est important.

Et il faut y être prêt ? Faut être prêt à faire face à cette souffrance ?

(Hésitante.) Oui...

Faut se blinder ?

Non.

Non ?

Non.

Vous le voyez pas comme ça, vous ?

Non, pas du tout. Je le vois comme des rencontres.

Et jamais vous avez flanché ?

Ça veut dire quoi, « flancher » ?

C'est-à-dire, face à un récit d'un enfant ou d'une femme, rentrer à la maison le soir et se dire : « Mais là, c'est trop dur. »

Si... Mais pas flancher sur le moment.

Jamais sur le moment ?

Non.

Mais en rentrant ?

Oui.

Pardon.

En rentrant, quand on... (elle détourne le regard, ses yeux se mouillent).

Je vous sens émue, pardon.

(Émue, la voix tremblante :) Euh parfois la nuit... on repense aux gens. Mais comme je vous le disais tout à l'heure, c'est surtout de faire du mieux qu'on peut et essayer de mettre du sens dans ce qu'on fait. On dit souvent « Le juge est dans sa tour d'ivoire ». Je comprends vraiment pas pourquoi on dit ça... (Pause.)

Vous ressentez quoi, quand vous la portez, cette robe noir et blanc ?

Quand je la mets, c'est comme si j'entrais dans mon axe professionnel, un axe qui serait comme une colonne vertébrale, si vous voulez, allez hop, je me redresse et puis on y va.

*« Parfois la nuit…
on repense aux gens. »*

ESSENTIELLES

Chapitre IX

Vous avez eu plusieurs spécialités en tant que juge d'instruction. Est-ce que vous avez déjà reçu des menaces ?

Non. En tout cas pas que j'aie pris comme telles. Il y a des personnes qui ont pu être mécontentes.

Ça veut dire quoi ?

(Rires.) Parfois, des personnes expriment leur colère en étant malpolies. Mais ça, je ne l'ai pas pris comme des menaces, je l'ai pris comme une expression de colère.

Aujourd'hui, vous enquêtez, vous apparaissez au début de la procédure judiciaire, mais en étant juge d'application des peines pendant sept ans, vous êtes intervenue au dernier maillon de la chaîne judiciaire. C'est vous qui décidiez si un détenu pouvait sortir plus tôt de prison ou pas. Comment on prend cette décision ? En fonction de quoi ?

C'est la loi pénale, bien sûr, qui nous explique quels sont les critères. Il y a déjà des critères de recevabilité. À partir de quel moment un détenu qui se trouve en prison peut faire une demande d'aménagement de peine. Et ensuite, il y a des critères sur le fond, en fonction des types d'aménagement de peine que vous demandez. Au tribunal de l'application des peines, c'est trois juges qui décident d'un aménagement de peine ou pas sur des personnes qui ont été condamnées pour des crimes, pour parler très généralement, qui ont été condamnées à plus de dix ou quinze ans de détention.

Le risque le plus grand, j'imagine, la plus grande crainte, c'est de faire sortir quelqu'un qui peut récidiver. Quand il y avait un fait divers, par exemple, est-ce que vous vous demandiez à l'époque si ce n'était pas quelqu'un que vous aviez fait sortir ?

Le juge d'application des peines, surtout dans la juridiction où j'étais, il est en lien avec le parquet assez souvent. Quand il y a des personnes qui sont suivies par le juge d'application des peines, qui commettent à nouveau des faits et qui sont traduits une nouvelle fois devant le tribunal, le parquet demande son avis. Et c'est vrai qu'on était finalement au courant des personnes que l'on suivait, qui commettaient à nouveau des faits et pour lesquels on donnait un avis. Dans la prise de décision pour un aménagement de peine, il y aura forcément, effectivement, une évaluation du risque de récidive ou pas. C'est une évaluation qui n'est pas certaine.

Le budget de la justice a augmenté pour la troisième année consécutive, plus 40 % par rapport à 2017. Vous voyez la différence, vous, dans votre quotidien ? Ça va mieux ?

Ce qui change, c'est que notre discours, en fait, il est enfin audible. Ce qui change, c'est que quand les magistrats, avec « la Tribune des 3 000 », avec la jeune génération aussi, viennent dire devant les micros, devant la société : « Écoutez, on perd le sens de notre travail parce qu'on n'arrive plus à bien travailler. Soit on travaille vite, mais mal, soit on travaille correctement, mais dans des délais irraisonnables. » Ça, maintenant, c'est enfin audible, on peut enfin le dire, les gens le comprennent. Mais aujourd'hui, est-ce que ça change notre quotidien, je... (Lasse.) Je vous donne un exemple : pour l'ensemble des cabinets d'instruction de Lyon, il y a une moyenne de cent dix-sept dossiers par juge d'ins-

> **“*Je suis entrée dans la magistrature pour apporter ma pierre à l’édifice, par conviction également.*”**

truction. Actuellement, les normes acceptées cette fois-ci par le ministère, c'est de dire qu'on est à un seuil critique à partir de soixante-dix dossiers par cabinet. Cent dix-sept dossiers par cabinet, ça veut dire que sans compter les vacances on a trois jours par an pour chaque dossier. Comment on fait ?

Le manque de moyens, cette pression au quotidien parce que vous n'arrivez pas à suivre le rythme des dossiers, pour vous, ça alimente la défiance grandissante des Français envers la justice ?

Les dés sont pipés entre la justice et la société. D'abord parce que qui s'exprime ? Soit c'est des gens qui ont eu affaire à la justice, donc, pour eux, c'est l'affaire de leur vie, c'est des intérêts particuliers et c'est légitime. Et je le comprends, que l'on soit victime, auteur, que ce soit au civil ou au pénal, c'est leur opinion de ce qui doit être rendu pour juste dans leur affaire. Mais nous, ce n'est pas notre métier. On intervient au nom du peuple français, donc on intervient au nom d'un intérêt aussi collectif de la loi. Effectivement, notre décision peut ne pas satisfaire les gens qui viennent devant nous puisqu'ils viennent pour des situations conflictuelles. Chez nous, le client n'est pas roi. On n'a pas de clientèle. On intervient dans un service public, certes, mais très souvent, c'est l'intérêt collectif qui est derrière. Parfois, l'intérêt collectif, ça veut dire imposer des choses pas sympas aux intérêts particuliers. On ne fait pas que du bien, c'est vrai, mais c'est notre métier.

Est-ce que vous avez l'impression d'être valorisée dans votre travail avec votre rémunération ?

Je ne suis pas entrée dans la magistrature pour avoir de l'argent (rires). Je suis entrée dans la magistrature pour apporter ma pierre à l'édifice, par conviction également. Bien sûr, notre situation par rapport à toutes les situations de détresse et notamment de détresse sociale que l'on voit, elle est bien meilleure. Après, quand vous faites des comparaisons par rapport aux magistrats administratifs, on est sous-payés. Aux magistrats européens, on est sous-payés. Mais je ne dirais pas que le salaire, pour moi, est un critère de valorisation. C'est un critère de la manière dont l'État français considère sa justice…

Est-ce que vous avez conscience que votre métier, que ce que vous faites aujourd'hui, Élise, est essentiel dans la société ?

(Elle soupire, réfléchit.) Pour moi, je trouve du sens à mon métier. J'essaye de lui donner du sens et de faire le mieux possible. Après, le rêve idéal, ce serait qu'un jour notre civilisation n'ait plus besoin de justice. Ça voudrait dire qu'elle serait capable de régler elle-même les conflits par des modes de règlement qui soient dans la communication non violente, dans la bienveillance, dans ce type de *positive attitudes*. J'entends déjà certains de mes collègues me dire que je suis une grave utopiste, mais oui, encore aujourd'hui, on est essentiels.

Merci beaucoup, Élise.

Merci, Salhia.

MICHAELA MÜLLER-TRUTWIN
Chercheuse

Vérification d'identité, portiques automatisés... Le campus de l'Institut Pasteur fait l'effet d'une forteresse. Des étapes obligées de sécurité à la hauteur des trésors de recherche qui s'y trouvent : ici, à Paris, plus de deux mille cinq cents chercheurs du monde entier combattent des maladies qui touchent la santé humaine. Dans les couloirs, je me dis que je dois croiser sans le savoir des pontes de la recherche en médecine, tant les médias en parlent peu. En même temps, aucun n'a de signe distinctif : en laboratoire, même si vous avez trouvé le médicament qui va permettre de sauver la vie d'une population entière, la blouse blanche est la même pour tout le monde.

Michaela m'attend au département de virologie. Sur les étagères, les virus sont classés par degré de dangerosité, et les poches de sang de singe et de sang humain se côtoient. À la tête d'une équipe de douze personnes, Michaela dirige l'unité consacrée à la recherche sur le VIH. Elle est aussi vice-présidente du Conseil scientifique de l'Institut Pasteur. Née en Allemagne, elle a choisi de faire sa vie en France : « Quand on est étranger et qu'on découvre Paris, on veut rester vivre à Paris », lâche-t-elle dans un sourire. Paris en a de la chance, vu son CV et les prix qui couronnent ses découvertes sur les mécanismes du virus déclencheur du sida.

Les États-Unis, la Chine ou l'Allemagne allouent à la recherche scientifique des moyens sans commune mesure avec ceux de la France. La recherche est un poste de dépense peu compatible avec le temps du politique : le retour sur investissement n'est jamais certain, et comme les grandes découvertes prennent des années, il est difficile de les inscrire au bilan d'un quinquennat… Au milieu des microscopes et des éprouvettes, Michaela me décrit la pression financière sur les chercheurs, le stress du temps qui passe, et la concurrence internationale. Un monde impitoyable, que seul le principe de déontologie permet encore de brider un peu…

Entretien

Bonjour, Michaela.

Bonjour, Salhia.

On se trouve à l'Institut Pasteur à Paris. C'est le temple de la recherche sur les maladies infectieuses. C'est ici que de nombreuses découvertes ont été effectuées, qui permettent aujourd'hui de contrôler des maladies comme le tétanos, la tuberculose, l'hépatite B, la grippe, la fièvre jaune, mais aussi le sida. Et c'est votre spécialité, le sida. Vous avez décidé d'y dédier votre vie. Vous êtes chercheuse et directrice du laboratoire de virologie. Pourquoi avoir décidé de travailler sur le sida particulièrement ? Il y a plein de maladies, je viens de les citer. Pourquoi le sida en particulier ?

En ce qui me concerne, j'ai commencé à travailler sur le VIH quand j'étais à l'Institut Pasteur de Bangui, en République centrafricaine, et il était clair que ça devenait un problème majeur de santé publique qui allait toucher tous les pays, à la fois les pays riches mais aussi les pays pauvres. Et je voulais travailler d'une part sur une maladie qui touche les pays pauvres, et ensuite c'est une maladie qui touche le système immunitaire et c'est quelque chose qui est encore très complexe. On a beaucoup de choses à comprendre et j'ai trouvé ça fascinant de travailler là-dessus.

Dans les faits, une journée de chercheuse, ça ressemble à quoi ? Quand on parle de chercheur en médecine, on imagine de manière un peu caricaturale, le scientifique dans son labo qui fait des tests sur les animaux… On est loin de la réalité ou pas du tout ?

« Quand on est chercheur on est multitâches. »

En fait, moi-même, j'ai pensé qu'être chercheur voulait dire qu'on passe sa vie dans un laboratoire, qu'on a des expériences à faire. Et en fait, ce n'est peut-être que 10 % de mon activité actuelle. Quand on est chercheur on est multitâches. On doit être à la fois communicant, on doit aller en congrès, on doit faire du secrétariat, le management de son équipe, on doit faire du fundraising, chercher des financements pour Pasteur…

Ici, il y a onze départements au total qui ont des spécialités très diverses. Vous, vous êtes à la tête d'une équipe de douze personnes au sein de votre laboratoire et vous avez participé à plusieurs découvertes. D'abord à déterminer l'origine du VIH et ensuite à comprendre ce que le sida provoque sur les malades. Racontez-nous comment vous y êtes parvenue.

Le Graal serait en fait à la fin de ne plus avoir de traitement du tout.

C'est un long processus. Des fois, ça peut prendre cinq ou dix ans jusqu'à ce qu'on arrive aux résultats. L'important c'est, je pense, de définir une bonne question. Il faut développer, désigner une expérimentation qui permet, qui assure qu'à la fin on va trouver quelque chose, que ce soit ce qu'on cherchait ou non, mais qu'on ait un résultat au bout.

Mais comment vous faites pour justement éviter de chercher pour rien ? Est-ce qu'on peut chercher pour rien à la fin ?

Oui, tout à fait. En fait, si, comment dire… Si le montage du projet est mal fait dès le début, on peut perdre son temps, on peut à la fin ne rien trouver.

Ça vous est déjà arrivé ?

Hum… (rires), je ne pense pas. Je pense que j'ai souvent pas trouvé ce que je cherchais… mais j'ai toujours trouvé quelque chose.

Est-ce que vous savez toujours ce que vous cherchez ?

Non. Alors déjà, on a deux manières de faire un projet. Soit c'est une recherche exploratoire, on ne sait pas quelle mutation on va trouver. C'est une recherche où on émet une hypothèse, qu'on essaie de tester, et souvent on ne trouve pas ce qu'on a émis comme hypothèse. C'est absolument normal et c'est très important de rester ouvert et de comprendre en fait ce qu'on a trouvé.
Et c'est là où peut-être on peut justement trouver les choses les plus intéressantes, c'est quelque chose qui arrive très souvent. Nous, ça nous est arrivé. Par exemple, on travaillait sur le réservoir animal du VIH qui est le singe d'Afrique, et le singe d'Afrique, lui, il est porteur du virus, mais il ne tombe pas malade. Et on avait émis l'hypothèse qu'il avait des réponses très fortes qui permettent de contrôler le virus et que c'est pour cela qu'il ne tombait pas malade. Une fois qu'on a mis en place des techniques de PCR pour mesurer la charge virale, on a découvert qu'en fait le virus se réplique à très haut niveau chez le singe, et donc que c'était l'inverse de ce qu'on pensait. Mais ça nous a mis sur une autre piste, qui nous a permis sur le long terme de mieux comprendre ce qu'induit le sida.

Et alors en fait, vous travaillez sur le singe parce que c'est l'animal le plus proche de l'homme ?

Effectivement, si on veut travailler, que ce

soit sur le cerveau, ou sur l'immunitaire, c'est le singe qui est le plus proche, et on peut ainsi mieux comprendre ce qui se passe chez l'homme.

Mais du coup, ça veut dire quoi ? Pour ceux qui nous écoutent, ils doivent se dire qu'on maltraite des singes pour la recherche dans la médecine…

Alors ça n'existe plus, la maltraitance chez l'animal. Il y a des réglementations européennes très strictes qui sont bien entendu suivies à la lettre. Et donc on travaille sous des conditions qui sont éthiquement acceptées par le comité, sinon on ne pourrait pas faire nos recherches.

C'est une autre femme, la professeure Françoise Barré-Sinoussi, qui a co-découvert le VIH, découverte pour laquelle elle a reçu le prix Nobel en 2008. D'ailleurs, quand on arrive dans vos bureaux, on voit la grande banderole qui avait été préparée pour l'accueillir justement à l'occasion de ce prix Nobel… Vous avez travaillé avec elle ?

Oui, oui, moi j'ai eu le privilège de travailler avec elle pendant des années et j'avoue que j'ai été très contente d'avoir une femme comme cheffe. Pour moi, c'était un modèle, la preuve que c'était faisable de diriger une recherche en tant que femme. Et puis, c'était quelqu'un qui était absolument exigeante, transparente, honnête, éthique. Un grand privilège de travailler avec elle.

Elle s'étonne aujourd'hui, Françoise Barré-Sinoussi, qu'il y ait encore, dans un pays comme la France, trop de personnes diagnostiquées au stade tardif du sida : 30 % des malades. Comment vous l'expliquez ?

Alors, d'une part, c'est le fait qu'on parle de moins en moins quand même du VIH. Pour les gens, c'est un problème qui est réglé. Et donc, quand il y a peut-être une infection, ils ne pensent peut-être pas tout de suite au VIH, le médecin non plus d'ailleurs. Ensuite, il y a une information qui est très importante que peut-être la plupart des gens ne savent pas, c'est qu'il faut faire le diagnostic le plus tôt possible, parce que c'est ça qui permet d'initier le traitement. Et plus tôt on le commence, mieux c'est. Si on commence le traitement seulement au stade tardif ou même après quelques années, l'espérance de vie est statistiquement plus faible que celle d'un individu traité tôt.

Quarante ans après la découverte du VIH, on ne guérit toujours pas de la maladie, mais on peut vivre avec… avec un traitement à vie. Vous essayez de l'améliorer, ce traitement ?

Oui, c'est ça. Actuellement, il y a des recherches qui permettent d'alléger les traitements à fur et à mesure, et le Graal serait à la fin de ne plus avoir de traitement du tout.

Vous allez à l'étranger aussi pour partager vos recherches avec vos homologues ? Ou alors il n'y a pas de coopération, c'est plutôt la concurrence ?

En fait, il y a les deux. C'est important. Je pense que la concurrence est importante pour qu'on avance tous plus vite. Et en même temps, on ne peut pas avancer sans travailler ensemble. On a des projets trop grands. Il faut savoir aussi qu'on est toujours nos propres évaluateurs. Par exemple, quand on va aux congrès, on

ESSENTIELLE

Michaela Müller-Trutwin

“ Effectivement, investir dans la recherche, c’est un luxe. ”

présente nos données non publiées, on les partage avec nos pairs. Quand on fait des demandes de financement, qui va les évaluer ? Ce sont nos concurrents. Parce que ce sont les meilleurs experts et ils vont avoir accès à tous nos projets du futur, à tous nos résultats publiés. Donc on est au courant de ce que font les autres.

Mais c’est possible de se faire voler sa recherche ?

Alors il y a une déontologie qui est très forte. Dans la recherche les gens la respectent en général, sinon ils sont sanctionnés. Et le vol de données en fait partie. Maintenant, le monde évolue et il y a de plus en plus de pays qui investissent dans la recherche. Peut-être que les règles de déontologie vont changer, je ne sais pas.

Vous disiez que de plus en plus de pays mettaient de l’argent dans la recherche et qu’ils pouvaient ainsi acquérir une certaine puissance. On assiste à une guerre de la recherche ?

Effectivement, investir dans la recherche, c’est un luxe. C’est seulement les pays riches qui peuvent se le permettre et c’est un investissement dans le futur. J’entends souvent dire que le vaccin du Covid, en fait, ce n’est pas un hasard si ce sont les pays qui ont beaucoup investi dans la recherche sur le long terme et dans la recherche fondamentale, comme les États-Unis, l’Allemagne, qui ont pu trouver plus de vaccins, plus rapidement, et donc un vaccin contre la Covid. C’est vraiment un investissement dans le futur, mais à long terme. Et ça, il faut l’assumer quand on est à la tête d’un pays.

L’Institut Pasteur a une renommée mondiale parce que c’est ici qu’on a fait plusieurs grandes découvertes sur la médecine, sur différentes maladies. Est-ce que vous considérez que la France est un bon élève dans les crédits accordés à la recherche ? Est-ce que, concrètement, on vous aide à bien travailler ?

Moi, j’ai beaucoup de chance de pouvoir travailler à l’Institut Pasteur. Mais d’une manière générale la France, il me semble, a diminué en fait ses investissements dans la recherche fondamentale au cours des dernières années. Il a été promis que ce serait autour de 3 % du PIB, mais c’est beaucoup plus bas. Contrairement à d’autres pays comme l’Allemagne, où le pays a beaucoup investi dans la recherche ces dernières années. Donc effectivement, on manque de moyens pour mieux avancer.

Et le risque, c’est que les bons chercheurs décident d’aller à l’étranger pour travailler dans de meilleures conditions ?

On le voit déjà, on voit déjà nos jeunes partir aux États-Unis. Là-bas, il y a de grands laboratoires où il y a beaucoup plus de moyens pour faire de la recherche.

En parlant des moyens accordés à la recherche en France, vous, par exemple, avec les années d'expérience que vous avez derrière vous, est-ce que vous pouvez nous dire combien vous gagnez aujourd'hui ?

Alors en fait, quelqu'un qui a déjà… qui commence, qui est chercheur, qui est docteur, gagne autour de 2 000 euros, et un chercheur qui a travaillé vingt ans à l'Institut Pasteur gagne autour de 3 000 euros.

Ah oui ?!

On gagne très très peu d'argent, on est très peu payés. Mais on est tous logés à la même enseigne : on est très stressés, on a beaucoup de pression, on est constamment évalués.

On vous met la pression pour trouver des choses ?

Sinon on a de gros risques qu'on ferme notre laboratoire. Que les jeunes perdent leurs postes aussi...

La recherche, c'est une course contre la montre, c'est ça ?

En fait, on n'est jamais à l'abri qu'une autre équipe ailleurs dans le monde fasse la même chose et publie plus vite que nous, alors à ce moment-là, on aura travaillé pour rien.

Dans ces cas-là, quand on se fait doubler, en fait, on a tout perdu. Ça vous est déjà arrivé, à vous ?

Oui.

Et alors ? Comment on le vit ?

Ben il faut toujours prévoir ça en avance et mener d'autres projets en parallèle. En fait, plusieurs projets en même temps. Donc travailler double, triple, pour en fait contrebalancer ce risque.

Vous faites combien d'heures par jour, vous ?

Douze heures.

Et combien de jours par semaine ?

On travaille aussi le week-end. Pas les deux jours, mais c'est normal qu'on travaille le week-end.

Vous ne vous arrêtez jamais ?

Non.

Est-ce que vous avez l'impression d'être suffisamment reconnue dans ce que vous faites ?

Alors en fait, oui, je pense que je suis suffisamment bien reconnue dans mon domaine. Mais par exemple, ce qui m'est arrivé deux fois, c'est que nous avions trouvé des résultats qui allaient à l'encontre du dogme actuel et que j'ai dû attendre cinq ou dix ans jusqu'à ce qu'une équipe américaine confirme mes résultats et qu'on commence à me croire.

Ah, mais c'est dû à quoi ?

C'est dû au fait, je pense, que les États-Unis sont très dominants dans la recherche, et ils ont beaucoup plus d'argent et de puissance. Et si on n'est pas aux États-Unis, c'est plus difficile de se faire reconnaître, de se faire entendre.

Est-ce que vous avez conscience, Michaela, que ce que vous faites, votre métier, est essentiel ?

Bon, on en entend souvent quand même,

parmi les amis, la famille, qui disent : « Mais toi tu fais quelque chose d'utile. » Donc ça, ça fait du bien, ça donne du courage pour continuer. Parce que nous, qui faisons de la recherche fondamentale, on doit attendre, comme je vous l'ai dit, parfois dix ans avant d'avoir un résultat. Donc il faut vraiment avoir beaucoup de patience et beaucoup de courage.

Parfois, on a envie d'abandonner ?

On a régulièrement envie d'abandonner parce que le stress est trop grand. On nous met régulièrement la pression parce qu'on manque de moyens et qu'on coûte de l'argent, donc la pression est énorme.

Merci beaucoup, Michaela. Merci pour cet entretien et bon courage à vous.

Merci beaucoup à vous.

(En partant, je prends mes affaires, direction la sortie du laboratoire…)

Il est vraiment immense, votre laboratoire, en fait ! (Michaela me fait une grimace.) Vous allez me dire que les Américains ont plus grand que nous, c'est ça ?! (Rires.)

C'est-à-dire, que nous, l'étage, on le partage. Avec d'autres laboratoires…

ESSENTIELLES

Michaela Müller-Trutwin

ÉLODIE LAVY
Agricultrice

Élodie, maraîchère à Fay-aux-Loges, dans le Loiret, vit une réalité où la profession qu'elle vient d'intégrer se raréfie, où un agriculteur se suicide par jour, et où les mois sans salaire existent. Le tout, dans un contexte de réchauffement climatique qui menace toujours plus les cultures. Pourtant, si elle avait dû réaliser sa reconversion seule, sans passer par l'association qui l'a soutenue et qui lui loue sa parcelle, elle aurait dû emprunter plus de 1 million d'euros.

Ex-soignante en hôpital psychiatrique, Élodie vit désormais là où elle travaille. Elle et son mari, lui aussi reconverti, habitent sur leur exploitation bio avec leurs deux enfants. Ce n'est pas pour autant qu'Élodie cultive sa vie personnelle. Elle n'est pas « du matin », alors elle commence à travailler à… 7 heures, et elle s'arrête rarement avant la tombée de la nuit. Agricultrice, c'est un sacerdoce : impossible de repousser une tâche au lendemain, surtout quand l'emprunt financier, lui, n'attend pas.

Élodie est vaillante et épuisée. Produire, vendre, rembourser – et puis recommencer… Ce rythme intenable est le sien depuis quatre ans, elle en fait le constat mais n'émet pas une plainte. C'est ce qui m'a marquée quand je l'ai aperçue dans un reportage de France 3 Aquitaine au cours de mes recherches. Elle a juste dit : « Mes enfants ne me voient plus. » Sur le coup, ces quelques mots m'ont brisée. Je voulais en savoir plus sur cette femme et sur son quotidien. Entre des parties de Monopoly minutées et la grêle qui détruit tout sur son passage, Élodie prend le temps de m'accueillir et de me raconter ce qu'elle vit…

Entretien

Bonjour, Salhia ! Venez, suivez-moi… Là, y a mille mètres carrés de serre.

C'est immense… Merci de nous accueillir chez vous dans votre exploitation. On est à quelques kilomètres d'Orléans. Avec votre mari et vos deux enfants, vous êtes installés ici depuis quatre ans, vous avez repris l'exploitation à un agriculteur qui partait à la retraite. Il vous l'a cédée parce que vous lui avez garanti que ça resterait une terre agricole. C'était ça le deal ?

Alors oui c'était son idée. D'ailleurs c'est comme ça qu'on a fait appel à Terre de Liens. Pour qu'ils puissent investir dans la ferme, ce qu'on pouvait pas faire, nous, et ils sont devenus les propriétaires et nous on est locataires de la totalité de la ferme, des bâtiments d'exploitation, de la maison d'habitation et des terres.

Terre de Liens, c'est quoi ?

Terre de Liens, c'est une association qui grâce à des dons et des placements financiers de citoyens achète des terres agricoles, des bâtiments, pour permettre à des jeunes agriculteurs de s'installer.

C'est quoi, les avantages de ce système ? Quand on est jeunes agriculteurs, justement…

Aller voir un banquier et dire : « Bonjour, j'ai pas d'expérience, je sors de l'école, je me reconvertis, j'aime ce que je fais, est-ce que vous pouvez me prêter 1 million 2, 1 million 4 ? », c'est compliqué. Donc là, voilà, on réduit un peu les emprunts, et même si ça reste quand même des emprunts assez lourds pour nous, ça nous a permis en tout cas de nous installer.

Alors justement c'est une reconversion… En fait, vous n'étiez pas du tout agricultrice à la base, vous étiez soignante dans un hôpital psychiatrique.

C'est ça. J'étais infirmière pendant quinze ans, mon conjoint agent administratif, également dans le même hôpital. Et puis au bout de quelques années, enfin quinze ans, mon conjoint a souhaité se reconvertir et je l'ai suivi dans cette folie, on va dire. (Rires.)

Là, autour de nous, des champs à perte

> *« C'était une évidence qu'on allait produire en bio. »*

de vue, aussi des grandes serres… Vous cultivez quoi ?

Ici, comme vous pouvez le voir, on a les concombres qui produisent. On a des melons, des haricots verts qui sont en récolte, et des courgettes pour ce tunnel. Et puis après, la suite : poivrons, aubergines, tomates, dont on attend les fruits. Les clients nous demandent chaque semaine : « C'est pour bientôt, c'est pour bientôt ? » Et puis on a des petits pois, enfin voilà, tous les légumes de saison qu'on peut trouver.

Tout est bio ?

Tout est bio sur l'exploitation.

Pourquoi avoir choisi le bio ?

Bah, déjà on connaissait pas autre chose (rires), parce que nous on cuisine que du bio… On voulait cuisiner, manger que des produits sains, et donc pour nous, c'était une évidence qu'on allait produire en bio et il était hors de question qu'on se mette en danger en utilisant des produits de synthèse ou autres. Même ici on veille à utiliser plutôt des protections mécaniques, des voiles anti-insectes qui demandent beaucoup, qui sont gourmands en main-d'œuvre mais qui nous garantissent des produits sains et de qualité sans traitements.

La communication, c'est du bouche-à-oreille essentiellement.

Le bio, ça garantit la qualité des produits, mais vous avez un autre problème : le prix. « Trop cher, le bio ! » disent les Français, encore plus avec l'inflation. On constate une chute des ventes du bio dans les magasins, ce n'est plus à la mode ?

Alors je sais pas, c'est vrai que je peux pas trop dire ce qui se passe ailleurs. Nous, ici, sur notre exploitation, les clients sont très satisfaits des produits c'est pour ça qu'ils reviennent. La communication, c'est du bouche-à-oreille essentiellement.

Parce que vous, vous ne travaillez pas avec les magasins, vous vendez directement ?

On a un magasin avec qui on travaille, une Biocoop justement, à Chécy, à côté d'Orléans.
C'est le seul, mais c'est un choix. Ici on a plutôt préféré développer le circuit ultra-court, le village Fay-aux-Loges et les villages aux alentours, mais vraiment très court…

Donc ça veut dire que vous, vous n'avez pas de marchandise qui vous reste sur les bras malgré l'inflation, malgré les prix qui augmentent, surtout ceux du bio ?

On ajuste notre production chaque année. Quand je refais la planification, je dis : « Bah, là j'en avais un petit peu trop l'année dernière, j'en refais un peu moins. » On essaie. Des fois on est en manque. On fait des dons aussi à la banque alimentaire du village. Depuis la fin de l'année dernière, on a un cochon qui nous permet vraiment de valoriser jusqu'à la dernière feuille de salade perdue.

Pas d'histoire de pesticides chez vous, mais comme tous les autres agriculteurs, vous devez faire avec la météo, aussi…

Oui.

Là on est en train de se parler sous un grand soleil, il fait chaud. La sécheresse comme la grêle, chaque année, c'est une crainte pour vous ?

Oui. Alors la grêle, ça l'était pas trop jusque-là, parce qu'on l'avait pas connue sur les cultures. Depuis l'année dernière, depuis qu'on a eu cet épisode de grêle, dès qu'on voit un nuage noir arriver c'est l'angoisse et là on se dit : « Est-ce que ça va recommencer, est-ce que ça va retaper chez nous ? » L'année dernière, en juin, on a vraiment eu très peur et c'est vrai que ça a fait beaucoup de dégâts.

Qu'est-ce qui s'est passé ?

Eh bien, un nuage noir est arrivé et des grêlons gros comme des balles de ping-pong sont tombés et ont martelé toutes les serres, donc tout était perforé…

Vous avez perdu toutes vos récoltes, en fait ?

Il y a eu des récoltes qu'on a perdues tout de suite parce que ça les a totalement hachées. Et puis après Il y a eu des cultures où il y a eu des conséquences, comme sur les pommes de terre, qu'on a dû récolter plus tôt parce qu'elles ont été malades à cause du feuillage qui a été abîmé. On a eu du petit calibre, qui s'est moins bien vendu, et voilà, moins bonne conservation. Idem pour les courges, qui ont pris du retard.

En ce qui concerne la sécheresse, il y a des risques de restriction d'eau l'été… ça, ça vous inquiète ?

On est totalement concernés parce que nous on a un forage avec un quota d'eau, donc de toute façon chaque année on est déjà restreints par un volume. Et là, cette année on a perdu 34 % de notre quota d'eau.

Et alors, comment vous allez faire ? Vous travaillerez moins ?

Avant, le quota d'eau était supérieur à nos besoins, et là on fait très attention, on chasse la moindre fuite, ça c'est une évidence. C'était une évidence avant, mais là on fait encore plus attention.

À quoi elles ressemblent, vos journées, Élodie ? C'est quoi, la journée type d'une maraîchère ?

Alors moi je suis pas du matin, donc on commence pas de bonne heure, ce matin on a commencé à 7 heures.

C'est pas une grasse mat' non plus ! (Rires).

Non, non. (Rires) Mais ça de toute façon, c'est fini depuis longtemps. Là ce matin, par exemple, on a commencé par faire les récoltes quotidiennes, c'est-à-dire que là on est en production courgettes et concombres, donc c'est tous les jours du lundi au dimanche, jours fériés, on peut pas déroger parce que sinon après on se retrouve avec des calibres vraiment très gros, qui sont moins recherchés. On va s'arrêter pour manger quand même à 13 heures et puis faire une petite pause pour nous, trois quarts d'heure on va dire, on va essayer, une heure des fois. Alors on se dit : « J'aimerais bien arrêter à 18 heures aujourd'hui… » (Rires.)

Mais ça n'arrive jamais.

Bah non, en fait c'est jusqu'à la nuit parce qu'il y a toujours des urgences. Surtout là, en ce moment, avec les irrigations

“ On ne peut pas imaginer l’ampleur du travail tant qu’on l’a pas vraiment vécu en tant qu’installés.”

“On est un maillon quand même très important de la chaîne.”

à gérer, c'est vrai qu'on a des petits programmateurs qui travaillent un peu la nuit pour nous à 4 heures du matin pour lancer l'arrosage mais… Pour les fuites, pour les petites choses, des irrigations qui se sont pas lancées, qu'il faut qu'on rattrape… Là, hier c'était 22 h 30.

Ah oui… Votre emploi du temps, il est flexible… mais très chargé.

Oui.

Vous les voyez souvent, vos enfants ?

Alors, jamais (rires), jamais autant qu'ils aimeraient. Souvent ma fille, elle me dit : « De toute façon, tu travailles tout le temps, on te voit jamais… » C'est… c'est le métier qui veut ça. On essaie… là on est parti cinq jours en vacances à Noël, et puis on s'est fait une, deux journées à Pâques.

C'étaient vos seules vacances ?

Ah oui. Et puis aussi, ça fait deux ans de suite qu'on arrive à partir quatre, cinq jours au moment de décembre. Sinon on bouge pas, à part peut-être un repas de famille le samedi midi. Sinon, non.

Comment vous réagissez quand votre fille vous dit : « De toute façon, maman, on te voit plus » ?

Elle sait que le travail est très prenant, après on essaie le week-end de s'accorder un peu de temps, de faire une partie de Monopoly, elle dit : « Oh, t'es sûre ?! Le Monopoly, ça va bien durer deux heures… » (Rires.)

Vous culpabilisez un peu ?

Oui, j'aimerais passer plus de temps avec eux. Après on a une jeune entreprise et c'est vrai qu'on a quand même des emprunts financiers importants. C'est une grosse pression aussi et il faut absolument qu'on puisse produire pour vendre et rembourser ces crédits. Donc une fois que ça sera fait, on sera un peu plus sereins, on sera un peu plus tranquilles. On pourra peut-être relativiser un peu et puis prendre un peu plus de temps pour nous.

On l'a dit tout à l'heure, c'est une reconversion que vous avez faite, vous n'étiez pas agricultrice avant, vous bossiez dans un hôpital psychiatrique en tant que soignante, c'est déjà très lourd comme boulot, là aujourd'hui agricultrice-maraîchère, vous vous attendiez à un tel emploi du temps ?

Alors, on ne peut pas imaginer l'ampleur du travail tant qu'on l'a pas vraiment vécu en tant qu'installés. Jusque-là, j'avais travaillé quatre mois en tant qu'ouvrière agricole, mais bon on est aux trente-cinq heures et puis une fois qu'on a fini notre journée, on pense à autre chose. Là on vit sur place, dès qu'on sort, qu'on passe notre porte, on est sur notre lieu de travail. C'est vrai que beaucoup de gens ne se rendent pas compte de la main-d'œuvre qu'il faut même si on a une petite ferme. On est contents d'avoir nos salariés, ils sont tous à temps partiel. C'était leur choix et notre choix aussi puisque ouvrier agricole c'est quand même difficile aussi physiquement, et on trouvait que c'était important d'avoir un jour de coupure dans la semaine. Donc trois à temps partiel et on a un apprenti depuis l'année dernière.

Aujourd'hui, Marie, les études disent qu'un agriculteur se suicide chaque jour. Vous en parlez entre vous, avec d'autres agriculteurs voisins… ou alors c'est totalement tabou ?

Alors je dirais pas que c'est tabou, j'ai beaucoup de contacts avec des collègues maraîchers. Certains effectivement sont en difficulté moralement. C'est vrai qu'au bout de quelques années, de sept à dix ans d'exploitation, certains collègues se remettent en question, essaient de changer un petit peu leur mode de distribution, de culture, pour alléger aussi la charge de travail, c'est surtout ça. Mais c'est vrai qu'on discute avec certains de la pénibilité, de… (Elle hésite.) Oui, de ce questionnement : « Comment on va faire, comment on peut durer comme ça, c'est pas possible, c'est pas tenable. »

Certains agriculteurs n'arrivent pas à vivre de leur travail… Vous, par exemple, vous gagnez combien ? Vous arrivez à vous retirer un salaire ?

Alors là, on a fini la compta pour l'année dernière, c'est comme si on s'était payés un peu moins de 500 euros par mois. Là on essaie, en début d'année, on sait pas si on va pouvoir le tenir, on essaie de se prélever 1 500 euros par mois chacun. On est la variable d'ajustement.
Là, la trésorerie nous le permet donc on peut se prélever mais peut-être que… dans quelques mois ce sera plus juste et au lieu de 1 500, ce sera peut-être 1 000 euros, et peut-être qu'à la fin de l'année y aura des mois sans virements…

Ce que vous percevez aujourd'hui, c'est moins que ce que vous pensiez avant de vous y mettre ? Vous étiez salariée, et là maintenant vous êtes à votre compte en tant que maraîchère, vous n'aviez pas anticipé ce niveau de rémunération ?

On pensait, arrivés à la quatrième année quand même, qu'on arriverait à se rémunérer au moins 1 500 euros par mois sans trop de soucis. C'est vrai que comme on n'a pas de vacances, le budget vacances, déjà on peut le supprimer, ça fait des économies. On arrive à gagner sur d'autres postes, on va dire ça comme ça.

On l'a compris avec votre témoignage, Élodie, c'est difficile d'être agricultrice, d'être maraîchère, ça prend toute votre vie. Mais est-ce que vous avez conscience que votre métier, que ce que vous faites aujourd'hui, est essentiel ?

On s'aperçoit quand on essaie de faire un petit arbre de tous les intervenants autour de la ferme, de toutes les personnes qu'on fait travailler et qui nous font travailler, on est un maillon quand même très important de la chaîne. Aujourd'hui on a à peu près cent cinquante à cent quatre-vingts clients par semaine et on est plutôt fiers de ce qu'on a fait. Et ça reste encore un métier passion, tant qu'il reste ça… Après, il va falloir quand même qu'on puisse y mettre un peu plus de perso dans nos emplois du temps, pour trouver un équilibre quand même un peu plus sain on va dire, parce que c'est vrai que le corps, avec l'âge… Là, y a des maux qui commencent à apparaître et on sent qu'il faut quand même lever le pied un petit peu.

Bon courage à vous, et merci, Élodie.

Merci à vous, Salhia.

ESSENTIELLES

Élodie Lavy

BÉNÉDICTE WEISSBARTH
Caissière

Un petit job d'été en rayon de supermarché… qui s'est transformé en vingt ans de caisse. C'est la particularité de Bénédicte : son premier travail est resté son seul travail. À Gacé, commune de deux mille habitants dans l'Orne, Bénédicte côtoie presque tout le monde et personne ne la vouvoie. Le métier de caissière, c'est un thermomètre de la vie sociale. Et la caisse de Bénédicte est un excellent poste d'observation.

Comment les Français font-ils face aux défis du quotidien – et en particulier à l'inflation constante ? Bénédicte a une vue très fine de leur portefeuille et de leurs comportements. Les paniers qui s'amenuisent, les visites qui s'espacent, les petits et grands renoncements… Rien ne lui échappe. Elle est à la fois « la petite Béné » de ses habitués et le réceptacle de toutes leurs humeurs, tracas, impatiences. Derrière sa caisse, un code barre après l'autre, elle voit ce que nous devenons, en tant qu'individus et en tant que société.

Caissière, c'est souvent un job qu'on brandit aux cancres pour les effrayer. Bénédicte soupire : c'est un métier qu'elle a fait par hasard plutôt que par défaut, et il a beau être éprouvant, elle y prend du plaisir tous les jours. Alors que dans les grandes villes la livraison des courses en dix minutes, les dark kitchens et une myriade d'évolutions vouées à nous faire gagner du temps se répandent, ces innovations parviendront-elles un jour à la supplanter ? Le temps, Bénédicte le prend. Ce qui lui plaît le plus dans ce métier, c'est le contact qu'elle entretient avec tout un chacun. Ce lien social qu'elle s'attelle à créer, elle le sait essentiel : pour certains, un petit bonjour à Béné, c'est leur seul échange de paroles de la journée…

Entretien

Bonjour, Bénédicte.

Bonjour, Salhia.

Merci de nous accueillir à l'Intermarché de Gacé en Normandie, c'est ici que vous travaillez depuis près de vingt ans maintenant. Caissière ici, ça a été votre premier job. Et vous y êtes restée depuis.

Oui (rires), à force on aime, moi j'aime le contact. Plus jeune, j'avais fait un Bac pro dans le commerce donc j'étais pas censée devenir caissière mais c'était provisoire. Et puis finalement, on s'attache au métier parce qu'on voit des gens différents tous les jours. Les journées se suivent mais ne se ressemblent pas. Donc on se fait au métier de caissière. Pour info, à la base, je voulais être sage-femme donc rien à voir. J'ai fait mes jobs d'été ici. Comme j'ai commencé mineure j'étais en rayons, puis un jour on m'a mise derrière une caisse, j'ai trouvé ça sympathique (rires)… mais en fait c'était pas un choix de carrière.

Est-ce qu'il aurait le courage d'être caissière ?

En tant que caissière, Bénédicte, est-ce que vous avez déjà dû faire face à des remarques blessantes de la part de clients ?

Non, pas spécialement, mais qu'on me calcule pas, ça oui, oui souvent les gens sont au téléphone, ils nous balancent les trucs, y a pas de bonjour…

Comme si vous étiez transparente ?

Ouais, on n'est pas là, quoi. On est une chose, on leur donne leurs trucs. Limite si c'est pas à nous de les ranger dans le cabas…

Parce que je lisais par exemple dans la presse qu'il y avait une caissière qui avait, elle, pour le coup subi le mépris d'un père qui avait dit à sa fille : « Tu vois, si tu travailles pas à l'école, tu vas finir caissière »…

Bah en fait, c'est souvent la remarque qu'on entend, même dans les repas de famille, des choses comme ça. Après, les gens ne font pas forcément attention à s'il y a une caissière dans les parages, mais oui, ça aussi moi je l'ai déjà entendu ailleurs qu'ici.

Qu'est-ce que vous avez entendu ?

Exactement ce genre de réflexions : « Si tu ne travailles pas plus à l'école, tu finiras caissière dans un supermarché ».

Quand vous entendez ça, vous réagissez comment ?

Pfff, ça me passe au-dessus.

Ça vous agace pas ?

Humm, ça dépend de comment c'est dit. Si c'est dit à la rigolade, bon à la limite je renchéris. Mais si c'est dit vraiment d'un ton, euh : « D'façon, tu seras qu'une merde, quoi ! », là, je lui dis : « Attends, mec, t'as un problème avec les caissières ou quoi ? » Qu'est-ce qu'il fait de mieux qu'une caissière, lui ? Est-ce qu'il aurait le courage d'être caissière, de supporter toute la journée des gens, de bonne humeur, de mauvaise humeur ? Est-ce qu'il lui serait capable de faire le job d'une caissière ? Parce que les petites étudiantes qui sont en grandes études qu'on a là en ce moment, me disent parfois : « Bravo, parce que j'aurais jamais pensé que c'était ça », ou : « C'est usant… » Si on se met à notre place une journée, on comprend ce que c'est qu'être caissière.

Travailler dans un supermarché, passer ses journées à la caisse notamment, c'est un métier que vous considérez comme pénible ?

Je pense que oui, sur le long terme ça se ressent, parce que les charges lourdes peuvent nous causer des problèmes aux épaules, aux mains, au dos. Comme là en ce moment, un petit exemple, on a la promotion sur les gros packs. Donc ça va être des énormes packs de bière, des énormes packs de Coca, d'Orangina, tout ça. Juste avant que vous arriviez, j'ai eu un caddie où, pfiou, quand je l'ai vu, je me suis dit : « Oh, non… », mais il a fallu le passer quand même. (Rires.) C'est pénible, mais ça fait partie du job.

Qu'est-ce qui vous plaît le plus, dans votre métier ?

La relation que j'ai avec les gens. Les gens ne m'appellent plus Bénédicte, ils m'appellent « ma puce », « mon lapin », « ma chérie »… (Rires.)

Ah oui, il y a une telle proximité ?!

Oui, oui. Parce que je suis native d'ici, donc les gens m'ont vue grandir. Ils m'ont connue ici en tant que job d'été, et puis finalement les années ont passé et je suis restée. Beaucoup me tutoient,. Ils m'ont vue grandir. Je connais peu de clients qui me vouvoient, effectivement. J'avais jamais fait attention à ça, c'est vrai… Et donc, du coup, des fois on m'interpelle : « Salut, Béné ! », « Coucou, Béné ! », « Ah salut, pardon ! »… Mais voilà, ouais vraiment, on m'appelle par mon prénom, tout le temps, ou par des petits surnoms, c'est très mignon d'ailleurs : « mon amour », « mon lapin »…

Ah, « mon amour », carrément !

Ah oui oui, oui oui. Il y en a qui se reconnaîtraient tout de suite. Mais y a leurs femmes hein, y a pas de soucis (rires), c'est des gens âgés quand même…

Ah, des vieux messieurs… Sinon, j'allais dire, votre époux, il a du souci à se faire ? (Rires.)

Non non, c'est des gens âgés. Et c'est trop mignon donc… Non non, vraiment j'aime beaucoup cette relation que j'ai avec tout le monde.

“Ah mais on est des psychologues, des assistantes sociales, on est membres de leur famille.”

Vous avez le temps de discuter un peu avec eux ?

Ah oui. Oui. Il le faut, c'est… vraiment essentiel. C'est le lien social à ne jamais sacrifier, enfin ça commence par là, de toute façon. Quelqu'un qui vous dit juste « bonjour-au revoir », c'est pas très intéressant. Nous, on nous raconte plein de choses… (Rires.)

Parfois vous devenez confidente ?

Ah mais on est des psychologues, des assistantes sociales, on est membres de leur famille. Ils nous confient des choses qu'on devrait pas savoir, même. Mais la petite mamie qui est veuve et qui n'a que nous dans la journée, elle va aller nous raconter sa peine ou sa joie. Oui, effectivement, des fois on est la seule personne que la personne va voir dans toute sa journée, quoi. Le seul échange de paroles, ça va être avec nous. Donc c'est pour ça que parfois, on a nos petits habitués qui reviennent trois, quatre fois dans la même journée juste histoire de nous dire : « Ce midi, elle était bonne, la pintade… » (Rires.)

L'Intermarché ici à Gacé existe depuis plus de trente ans… C'est un repère pour les habitants ?

Oui, oui complètement. Quand on est fermé, le dimanche après-midi, la ville est morte, en fait.

C'est le lieu de vie ?

Oui c'est le lieu de vie. Les gens se retrouvent ici, se donnent des rendez-vous ici. J'ai même vu des gens vendre des choses par le biais du Bon Coin, se donner rendez-vous ici et puis profiter pour faire des courses. Ouais c'est vraiment le lieu, LE LIEU.

Ces derniers mois ont été marqués par l'inflation. Les prix alimentaires ont explosé, et vous à votre poste vous êtes en quelque sorte un baromètre de la consommation des Français. Au quotidien j'imagine que vous avez vu les habitudes des clients changer. Qu'est-ce que vous avez le plus remarqué ?

Alors le panier moyen, c'est plus du tout la même valeur…

C'est-à-dire ? Ça a baissé ?

Oui, oui. Ou alors des gens qui venaient tous les jours et qui vont venir qu'une fois par semaine, maintenant. Ou des familles qui faisaient le plein pour la semaine maintenant font le plein pour quinze jours et ils ne reviendront pas avant. Même s'il manque quelque chose, tant pis. C'est trop cher, on fera avec, ou sans. C'est comme ça maintenant.

ESSENTIELLES

C'est-à-dire qu'ils établissent un budget, et ils ne veulent surtout pas le dépasser ?

Voilà. Et moi je vois des mamans de familles nombreuses qui établissent leurs menus à l'avance et qui n'achètent que ce qu'il y a sur la liste, que ce qui va appartenir au menu. Donc elles vont plus du tout se faire plaisir sur des barrettes, des chouchous pour les gamines, des chaussons, des sous-vêtements, tout ça, ça passe après maintenant.

Il y a des produits qui ont disparu carrément des caddies ?

Alors c'est un peu paradoxal. Ils veulent se faire plaisir, mais en se privant un peu sur autre chose. S'ils vont s'acheter une coloration pour les cheveux, eh bien y aura pas le paquet de jambon en plus qui servirait peut-être juste à faire des sandwichs le dimanche après-midi.

Il y a des choix à faire....

Voilà, y a des choix à faire et ils savent bien les faire.

Mais c'est vrai qu'il y a certains clients qui par exemple ont l'habitude d'acheter leur viande à la découpe, donc ils y vont, ils vont demander leur pièce au boucher, et… ?

Oui, et… après ça reste dans un rayon.

Ils le déposent dans un rayon, c'est vrai, ça ?

Ils le déposent parce qu'en fait, bon, c'est écrit 23,95 €, par exemple pour la viande. Et là, ils en auront pour 6 euros pour un seul bifteck. Donc ils ne disent rien au boucher, ils vont le prendre, mais après ils vont aller le poser gentiment dans un rayon parce qu'en fait ils ne peuvent plus se le payer, ce bifteck…

Est-ce qu'au fil des mois, avec l'inflation, vous avez vu de plus en plus de clients laisser des articles à la caisse ?

Oui. Franchement, oui. Pas plus tard que ce matin. La dame n'avait que 40 euros. Ma collègue à la caisse lui a demandé plus de 50 euros de courses après avoir tout scanné sur le tapis. Finalement, la dame a dû laisser des choses… Elle a dû laisser des fruits et légumes, elle a laissé des brioches… Enfin des choses qui se mangent. Y avait rien d'extra dans son panier, ça fait de la peine parfois, on a envie de mettre au bout, mais on peut pas.

Est-ce que vous avez été tentée parfois de ne pas scanner un ou plusieurs articles parce que vous aviez en face un client qui n'avait pas forcément les moyens ou que vous voyiez accompagné d'enfants ?

Alors non, ça ne m'a jamais traversé l'esprit parce que ça me rendrait malade de le faire, ça se verrait tout de suite. Par contre, je me souviens de mes premières années où j'ai commencé la caisse. Une maman qui avait un bébé dans un landau et je ne sais pas pourquoi j'avais l'intuition qu'il y avait des choses dans le landau. Et je lui ai fait ouvrir le capot du bébé et elle m'a suppliée. Elle me disait : « Est-ce que je peux partir ? » Et je n'ai pas pu, je risquais ma place aussi, on doit se le dire.

Elle avait des produits dans le landau ?

Oui, elle avait des pizza notamment. Mais c'est vieux, ça date d'il y a au moins quinze ans. Mais c'est vraiment une image qui m'avait choquée. En plus, elle était venue sur la caisse 5, donc la caisse la plus isolée,

> « Covid ou pas, ça n'a rien changé pour nous. C'est : Tu viens bosser et voilà, point barre. »

j'avais personne derrière, elle me suppliait de la laisser partir avec ça. Je voyais bien qu'elle était dans le mal, la petite dame, mais je ne pouvais pas. Même ça j'ai pas pu le faire. Donc non, scanner un article sur deux c'est pas possible.

Bénédicte, on a beaucoup parlé de vous pendant la crise du Covid, on a beaucoup parlé des caissières. Vous faites partie de ces métiers de la deuxième ligne qu'Emmanuel Macron avait évoqués pendant le premier confinement : « Il faudra nous rappeler que notre pays aujourd'hui tient tout entier sur des femmes et des hommes que nos économies reconnaissent et rémunèrent si mal… » C'est ce qu'avait dit le Président de la République, il y a un peu plus de trois ans. Est-ce que ça a évolué ?

On suit l'augmentation du SMIC, voilà c'est tout. Non ça reste pareil, vraiment…

Vous n'avez pas été augmentée ?

Non. Non, ça c'est faux, vraiment.

Et les primes ?

Alors à l'époque certaines en ont eu et d'autres pas. Je ne sais pas pourquoi…

Vous, vous n'en avez pas eu ?

Alors non. Je suis simple caissière donc pour mes anciens patrons, ça ne devrait pas être dans ma poche, alors qu'on était quand même plus exposées qu'eux, qui n'étaient pas au front. Covid ou pas, ça n'a rien changé pour nous. C'est : Tu viens bosser et voilà, point barre.

À l'époque, comment vous l'aviez prise, cette phrase du chef de l'État ?

Bah, nous on y a cru. Ça nous a donné un peu d'espoir quand même. Mais ce qu'il a omis de dire, c'est que tous les chefs d'entreprise n'étaient pas obligés de donner cette prime. Donc c'était un peu à leur bon vouloir. Et n'y étant pas obligé, mon employeur de l'époque a tout gardé pour lui. (Rires.)

Combien vous gagnez, aujourd'hui ?

1 346,22 euros. C'est ça, 1 346,22.

C'est précis.

Oui parce que c'est le SMIC, voilà.

Vous avez conscience que ce que vous faites tous les jours, derrière votre caisse, c'est essentiel ?

Non, vous me l'apprenez ! (Rires.)

Non ?

Non, parce que pour moi ce n'est pas une corvée. Il faut travailler. J'ai des enfants qui font des études donc je n'ai pas le choix, je dois me lever tous les matins pour venir travailler. Donc effectivement, je ne pensais pas que c'était si essentiel. Et je pense que quand on est dedans, on ne se rend pas compte. Si j'avais du recul, peut-être que je me dirais : « Wow, et dire que je faisais tout ça, ça, et ça… » Mais là maintenant j'en prends conscience. J'en ai pris conscience dès qu'on m'a fait...

Dès qu'on vous a fait la proposition d'interview ?

Oui, quand on m'a dit « métier essentiel », je me suis dit : « Pourquoi pas ? » Ensuite j'ai creusé un peu et je me suis dit : « Oui, finalement, si je n'étais pas là, ça tournerait pas »

Mais alors, un métier essentiel oui, mais qui vise à disparaître au profit de caisses automatiques… Vous en pensez quoi ?

Alors ici on sera pas touchés par ça…

Il n'y a pas de caisses automatiques, ici ?

Non. Ils préfèrent...

Avoir des humains ?

Voilà. En fait je pense qu'ici, si on avait une caisse automatique, elle ne serait jamais amortie. Je suis même sûre que les gens n'iront pas. Rien que le Photomaton du magasin, nous l'avons fait changer pour un Photomaton e-photo, donc hyper performant. Eh bien, les clients, ils ont besoin de la petite Béné pour venir faire les photos (rires). Alors que tout est écrit, tout est indiqué, la machine leur parle, mais non, ça ne leur plaît pas. Donc je suis sûre qu'ici ça ferait un bide total, la caisse automatique.

Merci beaucoup, Bénédicte.

Merci à vous.

ESSENTIELLES

Bénédicte Weissbarth

PASCALE GIRARD

Libraire ambulante

Pascale est la personne qu'on met le plus de temps à rejoindre : au terme de quelques heures de train et de voiture, on la retrouve sur la place d'un petit village ardéchois (La Voulte-sur-Rhône). Impossible de rater Pascale. Sa librairie ambulante, Le Mokiroule, est un curieux camion de huit mètres de long, tout rouge, décoré d'une fresque représentant des animaux colorés. Côté pile, c'est un poids lourd. Côté face, c'est une boutique, avec une jolie devanture accueillante et une petite table à l'extérieur, pour le côté convivial. Le camion abrite plus de trois mille livres, et chaque semaine, à son volant, Pascale sillonne avec lui une dizaine de petits villages.

Dans Le Mokiroule, il y a des clients. Pascale a ses habitués, dont beaucoup d'enfants. Souvent, elle s'installe sur les marchés. En fait, elle va là où vont les gens et elle est ravie que, cette fois, nous venions à elle. À l'inverse d'Amazon, l'autre point d'accès à la littérature pour les villageois, Pascale lit tous les livres qu'elle propose à sa clientèle. Elle a été itinérante pendant vingt ans dans le monde du spectacle, et Le Mokiroule lui permet de concilier son envie de bouger et sa passion pour les livres et les échanges.

Le sens que Pascale trouve à son métier est évident : l'accès à la culture, pour elle, c'est un besoin primaire. Le Mokiroule est aussi le seul commerce de certains villages, et les gens lui disent souvent qu'elle est essentielle. Elle l'a surtout remarqué pendant la période Covid : c'est là qu'elle s'est sentie le plus utile... Même si des décrets, qui en ont statué autrement, l'ont empêchée un temps de poursuivre sa tournée des marchés. Elle travaille soixante-dix heures par semaine, c'est un peu précaire mais Pascale dit s'y retrouver : pour elle, ce qu'elle fait est plus grand...

Entretien

Bonjour, Pascale.

Bonjour, Salhia.

On est à bord de votre camion-librairie Le Mokiroule. Pour que les lecteurs se rendent bien compte, il s'agit d'un poids lourd tout coloré avec plein de dessins dessus, qui mesure huit mètres de long. La partie librairie où on se trouve représente quatorze mètres carrés, et autour de nous : trois mille livres. Comment vous est venue l'idée d'ouvrir une librairie ambulante ?

À vrai dire, au départ j'avais prévu d'ouvrir une librairie classique. Et puis j'en ai visité une qui se vendait et qui était parfaite. La propriétaire était sympa, le transfert allait se faire super bien ; sauf que tout d'un coup je me suis rendu compte que j'étais absolument incapable d'être sédentaire. Cette librairie que j'aurais achetée, elle n'était pas dans le coin où j'habite. C'est une toute petite vallée mais où il y a quand même pas mal d'habitants qui sont là toute l'année, et dans laquelle il n'y a pas de librairie. Ouvrir ou reprendre une énième librairie à Valence ou dans une grande ville, ça n'avait de toute façon pas vraiment de sens et pas vraiment d'utilité pour les habitants de mon village et de la vallée autour. Et donc j'ai additionné deux et deux, je me suis dit : « Je ne veux pas être sédentaire, j'ai envie que cette librairie existe dans la petite vallée dans laquelle j'habite », et donc le plus simple, c'était de mettre les livres dans un camion, et de partir avec dans la campagne, dans les villages.

Vous avez dû passer votre permis poids lourd ?

Je l'avais déjà.
Parce que j'ai fait plein de métiers. J'ai bossé dans le spectacle pendant environ vingt ans, j'ai été éclairagiste, j'ai monté des chapiteaux, j'ai fait des feux d'artifice, j'ai fait ce qu'on appelle du catering, de la cuisine surtout sur les tournées, sur les festivals. J'ai été sur la route pendant pratiquement vingt ans et j'ai eu besoin dans ce cadre-là de passer certains permis, dont le permis poids lourd.

Donc oui, vous aviez déjà la bougeotte, dans votre ancienne vie professionnelle. Mais à quel moment on se dit : « Je vais ouvrir une librairie » ? Depuis le début en fait vous vouliez être libraire ? Il y avait cette passion pour les livres ?

Oui, il y avait cette passion pour les livres effectivement depuis toute petite, il y a aussi la passion pour le partage des livres. Moi ce que j'aime c'est parler de mes lectures, c'est échanger avec les gens, c'est discuter autour d'un livre. Je ne suis pas sûre que j'aie eu envie d'être libraire depuis toujours en fait, je crois que j'ai eu envie de faire cinquante métiers dans ma vie. Si je pouvais avoir dix ou quinze vies pour pouvoir faire le plus de métiers possible… Et donc libraire, c'est une idée qui m'est venue comme ça, je ne sais même pas comment, un jour.

On est actuellement dans un village qui s'appelle La Voulte-sur-Rhône, cinq mille habitants, en plein cœur de l'Ardèche. Comment vous les choisissez, les villages dans lesquels vous tournez avec votre poids lourd ?

Je trouve ça intéressant d'amener le livre là où il n'est pas.

Ce sont des villages qui sont tous dans un rayon de trente ou quarante kilomètres autour de chez moi. Ce sont des communes aussi qui n'ont pas de librairie, bon ça ce n'est pas difficile à trouver parce que dans le coin il n'y en a pas. Et aussi en fonction des communes qui ont accepté de m'accueillir. C'est vrai qu'au début certaines se sont demandé si j'allais être une concurrence pour leur bibliothèque. Le fait est que je ne suis pas du tout une concurrence, au contraire… On travaille ensemble très souvent. Les lecteurs amènent les lecteurs. Plus il y a de gens qui lisent, plus il y a de possibilités d'accès aux livres, c'est bénéfique pour tout le monde.

Vous en sillonnez combien, des villages, par semaine ?

Alors je vais dans dix communes en tout, sachant que je ne vais dans certaines d'entre elles qu'une fois par mois, donc par semaine il doit y en avoir six.

Il y a des moments propices qui font que vous décidez de vous installer dans tel ou tel village ?

Oui, dans certaines communes je suis tout simplement sur le marché quand c'est un marché qui est suffisamment grand pour accueillir mon camion, parce qu'il est un peu imposant donc il faut un peu de place. Et puis dans d'autres communes, je m'installe tout simplement, comme aujourd'hui d'ailleurs, en fin d'après-midi, ce qui me permet d'être présente au moment de la sortie de l'école et au moment où les gens rentrent du travail. Les moments dans nos villages où il y a le plus de personnes regroupées au même endroit.

Le fait de s'installer dans un marché, par rapport à une librairie classique en boutique, pour vous ça change quoi ?

Je trouve ça intéressant d'amener le livre là où il n'est pas. Et surtout de l'amener vraiment à la portée des gens, dans un endroit qui leur est familier, un endroit du quotidien. Moi j'aime bien l'idée qu'on mette dans le même panier des poireaux, des patates et des livres. Et je trouve que ça lui donne une forme d'accessibilité. Je sais qu'il y a des gens qui viennent dans mon camion quand je suis dans un marché, qui peut-être n'entreraient pas dans une librairie. Et je sais qu'un camion tout coloré qui attire notamment les enfants, eh bien ça va être plus facile d'accès. Alors bien souvent je mets des tables à l'extérieur, ce qui permet de regarder les livres sans être obligé de faire un pas dans le magasin en lui-même. Vraiment l'idée, c'est d'approcher le livre des gens le plus possible.

Vous pensez que vous attirez des publics différents parce que vous allez au plus près des gens ?

Oui. Je suis persuadée, et d'ailleurs certains de mes clients me l'ont dit, je suis persuadée qu'il y a des gens qui ne vont pas en librairie… Bon ce qui est compliqué c'est que de toute façon ici on n'en a pas. Il faut prendre sa voiture, il faut aller jusqu'à Valence, la grande ville la plus proche. Pour certaines communes, c'est trois quarts d'heure, une heure de route. Ça peut être un frein. Mais il y aussi des gens qui ne se sentent pas forcément à leur place en librairie. Moi j'ai des clients qui se sont approchés, on s'est presque apprivoisés, en fait. Ils se sont approchés du camion, une fois, deux fois, puis ils ont fini par venir me dire bonjour, puis ils ont fini par regarder ce que je faisais. Et ces gens-là, clairement, ne mettraient pas un pied dans une librairie.

Vous tournez dans ces villages, une dizaine de villages, toujours les mêmes. Finalement, il y a un lien qui se crée ?

Il y a un lien très fort qui se crée. Déjà parce que le livre, c'est un objet qui crée des liens forts, parce que dans nos villages il n'y pas forcément beaucoup de commerces, tous commerces confondus. Une des communes dans lesquelles je vais n'a absolument pas de commerces, même pas une boulangerie.

Vous êtes la seule ?

Je suis le seul commerce du village. Et quand le seul commerce du village, c'est une librairie, c'est forcément un endroit qui crée un lien un petit peu particulier. Et puis moi je voulais vraiment ça. Si j'ai créé Le Mokiroule de cette manière-là, c'était vraiment pour que ce soit un commerce de proximité. L'idée ce n'était absolument pas d'être un commerce évènementiel, bien que de temps en temps j'aille sur des évènements culturels, ou des festivals, ou des salons du livre. Mais l'idée c'était vraiment d'être dans la proximité, dans le quotidien des gens.

Il y a un contexte particulier depuis des mois, celui de l'inflation. Est-ce que le prix des livres a augmenté aussi ?

Oui, le prix des livres augmente. D'ailleurs depuis à peu près un an, un peu moins d'un an, c'est devenu assez compliqué pour nous. Le prix change sans arrêt. On était habitués à des changements de prix une fois par an, ou deux fois par an. Et là on a des changements très souvent donc on est obligés de passer notre temps à ré-étiqueter. L'une des conséquences, c'est que j'ai de plus en plus de clients qui me demandent d'attendre la sortie Poche d'un livre. On vient me voir pour commander un livre, on me demande s'il existe en Poche, je leur dis qu'il sort en Poche dans six mois, « OK, on attend ».

Vous, vous avez commencé votre activité il y a huit ans, entre-temps il y a des géants du numérique comme Amazon qui se sont imposés. On peut désormais en deux clics se faire livrer un bouquin à la maison. Est-ce que ça se traduit forcément par une baisse de votre activité ?

Non, pas du tout. Parce que là on touche à l'engagement des gens. C'est-à-dire que

“ Mais l’idée c’était vraiment d’être dans la proximité, dans le quotidien des gens.”

nous on n'a pas beaucoup de commerces dans le village, et quand on en a un, on essaie de le garder. Et les gens ont bien compris que commander chez moi, c'était le seul moyen pour que je puisse vivre. Depuis la loi sur le prix unique du livre en 1981, le prix du livre est le même partout, et un livre sera au même prix chez Amazon, chez moi ou n'importe quel libraire. Donc ce n'est pas un effort économique de commander chez moi. C'est effectivement un petit effort sur le délai de livraison, mais ça c'est un effort que les gens n'ont vraiment pas de mal à faire.

C'est devenu un acte civique d'acheter chez vous ?

Oui, je pense que pour certaines personnes c'est exactement ça.

Comment ça s'est passé, pendant la crise du Covid ? Les magasins, les librairies ont dû fermer. Vous aussi ?

Oui, moi j'ai dû fermer comme les autres. Et j'ai même dû fermer plus longtemps que les autres.

Pourquoi ?

Parce qu'au troisième confinement, celui d'avril 2021, les librairies étant enfin devenues « essentielles », elles pouvaient rouvrir. Mais il restait une petite loi, ou un petit décret je ne sais pas, qui avait été écrit en 2020 et qui disait que sur les marchés seuls ceux qui faisaient de l'alimentaire pouvaient s'installer. Donc ça veut dire que moi, en tant que librairie, je pouvais ouvrir, mais en tant que commerçante ambulante, je ne pouvais pas aller sur le marché. Donc dans les communes pour lesquelles je n'étais pas sur le marché, je ne pouvais pas reprendre la tournée. Ça a été tout un moment un peu compliqué en fait, avec certaines communes qui m'ont autorisée quand même, et des préfectures qui ne voulaient pas. J'ai même fait intervenir le député d'Ardèche pour obtenir gain de cause. Donc c'était un moment compliqué. Mais ensuite j'ai pu trouver des solutions. Mes clients de toute façon commençaient à être en manque de livres. On était en pleine période de Noël. Et donc j'ai trouvé des solutions. J'ai fait des livraisons, des points de dépôts. Je me mettais quelque fois sur un parking avec ma voiture et toutes les commandes des clients, et les clients défilaient pour venir chercher leurs commandes. Ils ont vraiment joué le jeu. Et cette année-là, j'ai beaucoup de clients qui m'ont passé toutes les commandes de livres de toute leur famille, y compris de la famille qui habitait loin. Je me suis retrouvée avec des gens qui me commandaient trente, quarante bouquins, pour m'aider à m'en sortir.

C'est le commerce le moins rentable de France.

Et aujourd'hui, vous vous y retrouvez financièrement ?

Oui, je m'y retrouve. Alors ça reste une librairie donc ce n'est pas très rentable. C'est le commerce le moins rentable de France. (Rires.) Mais oui, je m'y retrouve et aussi étonnant que ça puisse paraître je m'y retrouve depuis le début. Dès le départ, dès les premiers mois, alors je ne me suis pas versé de salaire tout de suite parce que j'avais peur, mais dès le début j'aurais pu me verser un salaire.

En fait vous vivez grâce au Mokiroule,

grâce à ce gros poids lourd rempli de livres…

Oui, oui je vis de ça et uniquement de ça. Après heureusement, parce que je travaille soixante à soixante-dix heures par semaine, donc je ne pourrais pas avoir un autre métier à côté.

Vous disiez : « Moi, j'aime bien bouger. Je n'aime pas faire tout le temps la même chose. » Est-ce que vous pensez faire ce métier toute votre vie ?

Ah ! C'est une bonne question. J'ai envie de dire oui et non. À vrai dire, juste avant le Covid, je m'étais demandé si j'allais arrêter pour passer à autre chose. Parce que j'avais l'impression d'avoir fait le tour, d'avoir tout vu, d'avoir essayé plein de choses et d'être arrivée au bout de quelque chose. Et puis le Covid est arrivé là-dessus donc forcément patatras, tout d'un coup il a fallu trouver des moyens de survivre, et donc je me suis arrêtée de me poser cette question-là. Mais j'ai quand même eu du temps pour réfléchir et pour une fois je me suis dit que j'avais peut-être créé quelque chose que j'aurais du mal à arrêter, que j'aurais du mal à transmettre, qui était vraiment très dépendant de ma personnalité. Et quand je voyais tous les messages que je recevais aussi je me disais : « Mais si jamais tu annonces un jour que tu arrêtes, ça ne va pas être possible, en fait. » Je me suis dit que si je voulais arrêter il fallait carrément que je déménage. (Rires.) Et donc j'ai beaucoup réfléchi et je me suis dit que je n'avais pas du tout envie d'arrêter ce projet, mais j'avais envie qu'il évolue. Et c'est à ce moment-là que j'ai commencé à suivre pas mal de formations. D'abord de médiations autour de la littérature jeunesse, et ensuite des animations d'ateliers philo pour les enfants et pour les ados. Et donc là maintenant j'ai un peu une double casquette. J'ai toujours Le Mokiroule en tant que librairie, mais j'ai arrêté quelques communes pour me dégager du temps pour animer des ateliers.

Il y a combien de librairies ambulantes en France, vous le savez ?

C'est difficile à dire. Il y a beaucoup de gens qui vendent des livres d'occasion sur les marchés. Ensuite en librairie ambulante telle que la mienne, c'est-à-dire généraliste, livres neufs, possibilité de commander, etc., à la louche je dirais qu'on est au maximum une dizaine.

C'est trop peu ?

C'est trop peu mais ça ne m'étonne pas. Vu le nombre de zones blanches en France… On a un maillage de librairies qui est quand même très important, qui est le plus important au monde, mais on a quand même, dans les milieux ruraux notamment, un déficit. Parce que c'est sûr que dans les petits villages comme les nôtres, même une commune comme ici avec cinq mille habitants, ouvrir une librairie, sincèrement il y a quand même peu de chances qu'on arrive à s'en sortir. Et donc dans les coins un peu reculés, il y a vraiment un manque. Et pour autant il y a des gens, il y a des gens qui sont là tout le temps. Il y a de la culture. Il y a de l'appétence pour le livre. Et donc moi je pense qu'il y a de la place pour beaucoup plus de librairies ambulantes ailleurs en France, oui.

Pascale, est-ce que vous avez conscience que ce que vous faites est essentiel ? Amener la culture à ceux qui n'y ont pas accès.

Je crois que j'en ai pris conscience pendant

le Covid, quand on a commencé à me dire que je n'étais pas essentielle. D'abord ça m'a énervée. Et puis voilà, la colère passée, il y a eu un peu de peur et surtout il y a eu les clients, un peu sidérés les premières semaines, qui ont commencé à m'appeler en me disant : « On est en manque, ce n'est pas possible, et qu'est-ce que tu vas faire, et qu'est-ce qui va se passer ? » Et c'est en discutant avec mes clients à ce moment-là que je me suis rendu compte de l'importance que Le Mokiroule avait prise dans leur vie.

Merci beaucoup, Pascale.

Mais de rien, merci à vous.

ESSENTIELLES

Pascale Girard

Dépôt légal : novembre 2023
Achevé d'imprimer en octobre 2023 en France
par l'Imprimerie Clerc
92 rue de la Brasserie
18200 Saint-Amand-Montrond